지 금 이 대 로  좋 은  삶

비울수록 행복해지는 마음공부

# 지금 이대로 좋은 삶

조치영 지음

정신세계사

# 지금 이대로 좋은 삶

ⓒ 조치영, 2020

조치영 지은 것을 정신세계사 김우종이 2020년 7월 3일 처음 펴내다.
배민경이 다듬고, 변영옥이 꾸미고, 한서지업사에서 종이를, 영신사에서 인쇄와 제본을,
하지혜가 책의 관리를 맡다. 정신세계사의 등록일자는 1978년 4월 25일(제2018-000095호),
주소는 03785 서울시 서대문구 연희로2길 76 한빛빌딩 A동 2층, 전화는 02-733-3134,
팩스는 02-733-3144, 홈페이지는 www.mindbook.co.kr , 인터넷 카페는 cafe.naver.com/
mindbooky 이다.

2020년 7월 3일 펴낸 책(초판 제1쇄)

ISBN        978-89-357-0439-2  03110

이 도서의 국립중앙도서관 출판시도서목록(CIP)은 서지정보유통지원시스템
홈페이지(http://seoji.nl.go.kr)와 국가자료공동목록시스템(http://www.nl.go.kr/
kolisnet)에서 이용하실 수 있습니다.(CIP제어번호: CIP2020025795)

# 차례

여는 글   내 삶은 기도다 9

# 내 삶은 기도다

나는 매일 아침 소중한 선물을 받습니다. 내가 살아야 할 '오늘'이라는 선물입니다. 그것은 내게 허락된 시간과 공간으로서 세상에서 가장 값지고 아름다운 선물입니다. 그래서 아침에 일어나면 동녘에 떠오르는 태양을 향해 두 손을 모읍니다. 그리고 머리 숙여 절을 하면서 이렇게 기도를 합니다. "감사합니다. 오늘 주신 귀한 선물, 감사히 잘 쓰겠습니다."

오늘 하루 주어진 소중한 시간을 잘 쓰면서 지내겠다는 나만의 다짐입니다. 그렇다고 이집트 문명과 마야 문명을 만들어낸 사람들처럼 태양신을 섬긴다는 뜻은 아닙니다. 우주 대자연에 감사드리는 기도입니다. 지금 이 순간 나를 살게 해주는 우주 대자연과 수많은 생명들에게 감사를 드립니다.

법정 스님이 오랫동안 홀로 거처했던 오대산 자락 산촌 가옥의 측간 앞에는 "기도하라"라는 푯말이 있습니다. 기도란 자기 내면과의 대화입니다. 자기 영혼의 소리를 듣고 간절한 소망을 품는 것입니다. 복을 달라고 빌거나 무엇을 하게 해달라고 요청하는 게 아니라, 자기 영혼의 소리를 듣고 자기 영혼과 일치된 삶을 살겠다는 간절한 소망을 담는 것입니다.

법정 스님의 '기도'는 깨어 있는 삶을 말한 것입니다. 깨어 있지 못하면 삶을 깊이 있게 경험하지 못하고 스쳐 지나가는 바람처럼 허망하게 보내버리기 쉽지만, 매 순간을 알아차리고 깨어 있으면 자연스럽게 삶이 기도가 되고 노래가 됩니다.

우리 인생은 조심스럽습니다. 바람 앞에 흔들리는 촛불처럼 위태롭습니다. 언제 깨질지 모르는 유리병과도 같습니다. 그래서 기도하는 마음으로 살아야 합니다. 매사에 정성을 다해서 살아야 하고, 매 순간 깨어 있어야 합니다. 오늘은 한 번 가면 다시 오지 않습니다. 아무리 발버둥 쳐도 한 번 지나간 오늘을 되돌려 받을 수는 없습니다. 순간순간이 소중합니다. 오늘 내게 주어진 소중한 시간과 공간을 잠시도 헛되게 할 수 없습니다.

그래서 삶이 기도가 되어야 합니다. 삶이 기도가 되면, 쓸데없는 짓을 하거나 남과 부질없는 일로 다투지 않게 됩니다. 기도 속에는 간절함이 숨어 있습니다. 매 순간을 간절함으로 살아가는 사람이 쓸데없는 일로 인생을 낭비할 수 없고, 사소하고 부질없는 일 가지고 타인과 다툴 수 없습니다. 삶이 기도가 되면, 죽음의 경계까지 갔다 온 사람들이 세상을 달리 경험하듯이 삶을 새롭게 경험하게 됩니다. 매 순간을 더 진지하게 생각하고, 매사에 정성을 다하며, 하루하루가 새롭고 아름답게 느껴집니다.

남에게 모질게 대하거나 힘들게 해서는 안 됩니다. 우리는 서로 의존하면서 살아가기 때문입니다. 아무리 잘난 사람도 자기 혼자의 힘만으로 살아가는 사람은 없습니다. 우리는 남의 도움 없이는 단 며칠도 살기 힘듭니다. 우리가 매일 먹고 입고 잠자는 우리의 일상생활 속에도 타인의 피와 땀과 눈물이 스며 있습니다.

　나는 하루를 다 보낸 후 잠자리에 들기 전에 잠시 오늘 하루를 돌아봅니다. 그리고 또 두 손을 모으고 이렇게 기도합니다. "감사합니다. 오늘 하루라는 귀한 선물 잘 쓰고 잘 살았습니다." 그러고 난 후 잠자리에 듭니다.

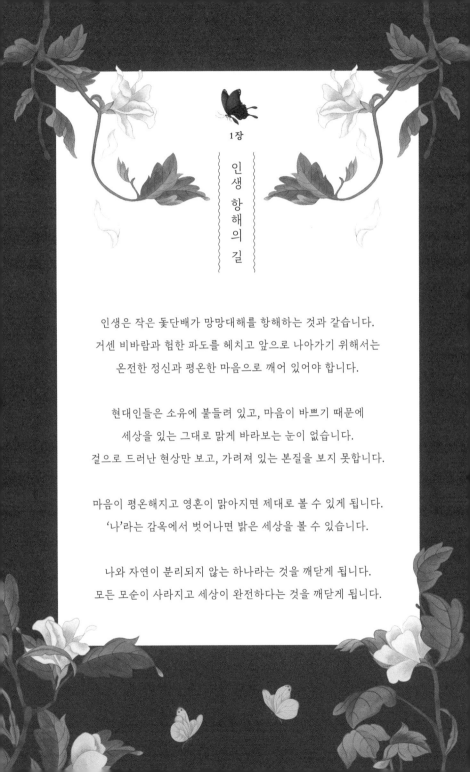

## 1장

인
생

항
해
의

길

인생은 작은 돛단배가 망망대해를 항해하는 것과 같습니다.
거센 비바람과 험한 파도를 헤치고 앞으로 나아가기 위해서는
온전한 정신과 평온한 마음으로 깨어 있어야 합니다.

현대인들은 소유에 붙들려 있고, 마음이 바쁘기 때문에
세상을 있는 그대로 맑게 바라보는 눈이 없습니다.
겉으로 드러난 현상만 보고, 가려져 있는 본질을 보지 못합니다.

마음이 평온해지고 영혼이 맑아지면 제대로 볼 수 있게 됩니다.
'나'라는 감옥에서 벗어나면 밝은 세상을 볼 수 있습니다.

나와 자연이 분리되지 않는 하나라는 것을 깨닫게 됩니다.
모든 모순이 사라지고 세상이 완전하다는 것을 깨닫게 됩니다.

# 나는 지금 잘 살고 있는가?

우리는 잠깐 동안 이 세상에서 살다가 떠나갑니다. 그래서 한 번뿐인 인생을 잘 살아야 합니다. 우리의 인생은 너무나도 소중하기 때문입니다. 인생을 잘못 살면 나중에 후회하게 되고 고통을 받게 됩니다.

그래서 우리는 가끔씩 멈춰 서서 자신을 돌아보아야 합니다. 소중한 삶을 잘 살아내고 있는지 살펴보아야 합니다. 우리는 늘 무엇인가를 좇고 있습니다. 내가 좇고 있는 것이 무엇인지 살펴보아야 합니다. 가끔씩 '나는 무엇을 좇고 있는가?' 하고 물어보아야 합니다. 그것이 돈인지, 명예인지, 권력인지, 쾌락인지, 아니면 진리인지, 사랑인지 살펴봐야 합니다.

그다음으로 요즘 무슨 생각을 주로 하는지 살펴보아야 합니다. 생각이 삶을 이끕니다. 우리는 생각을 좇아서 삽니다. 생각나는 대로 따라서 하고, 온종일 생각을 따라다닙니다. 생각은 내 삶의 모티브입니다. 생각은 마음의 밭에 뿌려진 씨앗입니다. 한 번 마음에 심어진 생각은 반드시 싹을 틔우고 맙니다. 오늘의 내 삶은 과거에 했던 생각의 결과물이고, 내일의 내 삶은 오늘 내가 한 생각의 결과일 것입니다.

이어서 내가 요즘 만나는 사람들이 어떤 사람들인지 살펴보아야 합니다. 내가 만나는 사람이 술을 좋아하는 사람인지, 오락을 좋아하는 사람인지, 산을 좋아하는 사람인지, 예술이나 독서를 좋아하는 사람인지 돌아보아야 합니다. 술을 좋아하면 술친구만 꼬이고, 오락을 좋아하면 오락에 빠진 사람만 꼬이고, 화투를 좋아하면 화투 치는 사람만 꼬입니다. 예술을 좋아하면 예술 하는 사람이 꼬이고, 책을 좋아하면 책 친구가 꼬입니다.

마지막으로 자신이 무슨 짓을 하는지 살펴보아야 합니다. 내 행동을 살펴보면 내 마음을 알 수 있습니다. 행동과 마음은 하나로 연결되어 있기 때문입니다. 자신의 행동을 살펴보면 자신의 마음 상태를 알 수 있고, 자신이 어떻게 살고 있는지 알 수 있습니다.

이렇게 묻다 보면 내 삶을 수시로 점검할 수 있고, 내 삶에서 무엇이 문제인지 찾아낼 수 있습니다. 이것이 깨어 있는 삶이요, 삶 속에서 명상을 실천하는 길입니다. 그렇게 묻고 살피다 보면 정신이 번쩍 듭니다. 때로는 잘못된 샛길에 빠진 자신을 발견하기도 합니다. 그렇게 깨어 있어야 험하고 풍파가 많은, 인생이라는 배가 순항할 수 있지 않을까요?


지금 이 순간이 내 삶의 전부다


우리 인생은 늘 변화 속에 있습니다. 우리의 삶은 잠시도 멈추지 않고 찰나 찰나 바뀌면서 흘러갑니다. 강물이 흐르고 흘러 바다로 가듯이, 우리 인생도 흘러 흘러서 머지않아 종착역에 당도하게 될 것입니다.

우리가 살아야 할 시간은 그렇게 길지 않습니다. 인생은 길어야 80~90년이고, 언제 무슨 일이 생겨서 갑자기 생을 마감해야 할지도 모릅니다. 그래서 한 번뿐인 인생을 정신을 바짝 차리고 살아야 합니다.

어떻게 마음을 쓰느냐에 따라서 삶이 달라집니다. 마음을 잘못 쓰면 지옥 같은 삶을 살고, 마음을 잘 쓰면 천국 같은 삶을 살게 됩니다. 똑같은 조건과 환경이 주어져도 기쁨과 행복 속에서 사는 사람이 있는가 하면, 괴로움과 슬픔 속에서 사는 사람이 있습니다.

우리는 무엇을 많이 소유하거나 무엇이 되기 위해서 사는 것이 아니라 자신의 인생을 활짝 꽃피우기 위해서 삽니다. 새벽 별처럼 맑게 깨어서 자신의 기량을 최대한 발휘하고 자신에게 주어진 몫을 잘 살아내면 그것으로 족합니다.

마음을 비우고 자신에 대한 집착에서 벗어나면 현생을 천국으로 만들 수 있습니다. 지금 내가 괴로운 것은 내가 어떤 것에 사로잡혀 있기 때문입니다. 다시 말하면 마음속에서 일어났다가 사라지는 번뇌와 망상 때문에 괴롭고, 이루지 못하고 가지지 못한 욕망과 집착 때문에 힘이 듭니다.

늘 평온한 마음으로 살아야 합니다. 그래야 자기답게 살 수 있습니다. 자신이 하고 싶은 일을 하면서 자신의 역량을 마음껏 발휘하면서 살 때 진정으로 행복할 수 있습니다. 지금 내가 하는 일이 마음에 들지 않더라도 온전히 받아들이면 그 속에서 의미와 가치를 발견할 수 있습니다. 마음에 차지 않는 그 일을 통해서 자신의 인격을 도야하고 영적인 성장을 이룰 수 있습니다.

한 번 지나간 시간은 돌이킬 수가 없습니다. 아무리 후회하고 한탄을 해도 과거는 다시 가져다 쓸 수 없습니다. 마찬가지로, 아무리 애를 써도 아직 오지 않은 미래를 가져다 쓸 수는 없습니다. 우리 앞에는 항상 현재만 있습니다. 내가 숨 쉬고 말하고 느끼는 지금 이 순간이 있을 뿐입니다. 그래서 지금 이 순간을 가장 평화로운 상태로 만들어야 잘 살아낼 수 있습니다.

내가 공부하면서 깨달은 것은 '지금 이 순간이 내 삶의 전부'라는 것입니다. 내 인생의 목적은 바로 지금 이 순간에 있습니다. 순간순간이 내 삶의 목적이지, 어디 다른 곳에 목적이 있는 게 아닙니다. 무엇이 되거나 무엇을 가지는 것이 목적이 아니라, 내 앞에 주어진 순간순간을 생생하게 경험하면서 아름답게 사는 것, 지금 이 순간을 내 삶의 전부로 알고 사는 것이 가장 잘 사는 비결입니다.

과거는 이미 지나간 기억이요, 미래는 아직 오지 않은 환상입니다. 순간순간을 내 삶의 전부로 알고 지금 이 순간을 사는 것이 행복입니다. 오래 사는 것이 중요한 것이 아니라 어떻게 사느냐가 중요합니다. 하루를 살더라도 자신이 하는 일에 최선을 다하고, 주어진 것들을 온전히 받아들이고 즐길 줄 알아야 합니다.


## 물질적 풍요와 정신적 빈곤


요즘 사람들은 관심사가 온통 재산증식에만 집중되어 있습니다. 만나면 돈에 관련된 이야기만 합니다. 땅을 샀다, 아파트를 샀다, 건물을 샀다, 남편이 승진을 했다, 차를 바꿨다, 자녀가 부잣집과 결혼을 했다 등등…. 왜 이렇게 사람들은 돈 이야기만 늘어놓을까요?

첫 번째는 속이 허하기 때문입니다. 다른 말로 하면 정신적인 빈곤감 때문입니다. 정신적 빈곤감은 삶의 균형과 조화가 깨진 마음의 결핍감, 부족감의 표현입니다. 그렇게 재산을 많이 소유하고 남에게 자랑을 함으로써 그 공허한 마음과 정신적인 빈곤감을 메울 수 있기 때문입니다.

두 번째는 자신의 모자람을 채우려는 보상심리가 작용하기 때문입니다. 그래서 많이 가질수록 자신이 강하거나 잘난 사람이라고 믿게 됩니다. 일반적으로 마음이 불안하고 심리적으로 허약할수록 돈에 더 강하게 집착하게 됩니다.

세 번째는 마음속에서 열등감이 작용하기 때문입니다. 무의식적으로 타인에게 자신을 과시하려는 것은, 그래야 자신이 잘나 보이고 만족감을 얻을 수 있기 때문입니다. 이런 사람은 보통 자기보다 많이 가진 사람 앞에서는 열등감을 느끼고 위축되지만, 자기보다 못 가진 사람에게는 우월감을 느끼며 그를 깔보고 무시하곤 합니다.

물질적인 풍요는 정신적인 빈곤을 동반하는 경우가 많습니다. 많이 가질수록 타인과 비교하느라 심리적인 허기와 갈증을 더 심하게 느끼기 쉽습니다. 그것이 바로 욕망의 생리입니다. 욕망은 결코 채워지는 법이 없습니다.

그래서 돈이 많은 부자를 만나면 종종 정신적인 빈곤이 느껴집니다. 지위가 높은 사람도, 학식이 많은 사람도 마찬가지입니다. 돈이든 명예든 학식이든 모두 욕망이 만들어낸 것들입니다. 욕망을 좇는 사람은 정신적으로 가난할 수밖에 없습니다.

정신적인 빈곤감은 마음공부를 해야 해소됩니다. 명상을 통해 마음이 정화되고 고요해지면, 자연스럽게 마음속의 갈증과 심리적인 허기가 해소되면서 정신적인 빈곤감이 사라집니다. 마음이 평화로우면, 삶이 조화로워지면서 불나방처럼 욕망을 좇아다니지 않고 자족할 줄 알게 됩니다.

# 갈대의 지혜

지혜로운 사람은 갈대처럼 살아갑니다. 그들은 자신을 고집하지 않고 '이래도 좋고 저래도 좋은 삶'을 살아갑니다. 갈대는 우리에게 조화롭게 사는 법을 가르쳐줍니다. 살아가면서 세상과 싸우지 않고 조화롭게 살아가는 덕목을 가르쳐줍니다.

바람이 부는 대로 이리저리 흔들리면서 살아가는 갈대를 생각해봅니다. 갈대는 줏대 없이 흔들리는 것처럼 보이지만, 그 속에는 강력한 바람 앞에도 꺾이지 않고 서 있을 수 있는 지혜가 숨어 있습니다.

갈대는 부드러움이 강함을 이긴다는 것을 가르쳐줍니다. 흔들리지 않으려고 버티면 오히려 금세 부러지고 말 것입니다. 갈대는 강한 바람에 맞서 싸우는 것이 아니라, 온전히 바람을 받아들이며 생존하는 법을 터득했습니다. 갈대는 줄기 속을 텅 비게 하여 강한 바람에도 꺾이지 않도록 자신을 부드럽게 만듭니다.

우리는 갈대로부터 세상 살아가는 지혜를 배워야 합니다. 대립하고 싸우면서 사는 게 아니라 세상과 타협하고 순응하면서 사는 법을 배워야 합니다.

《후한서<sup>後漢書</sup>》에 '유능제강<sup>柔能制剛</sup> 약능제강<sup>弱能制強</sup>'이란 말이 나옵니다. '부드러움이 굳셈을 이기고 약한 것이 강함을 제어한다'는 뜻입니다. 또 '치망설존<sub>齒亡舌存</sub>'이라는 고사성어도 있습니다. '치아는 망가져 없어져도 혀는 남는다'는 뜻입니다.

이와 관련한 일화가 있습니다. 어떤 구도자의 스승이 늙고 병들어 임종을 눈앞에 두고 있었습니다. 그를 보러 간 구도자는 스승에게 이렇게 물었습니다. "선생님께서는 지금 병환이 위중하신데, 제게 마지막으로 남기실 말씀은 없습니까?"

그 말을 들은 스승은 자신의 입을 벌려 보이며 이렇게 말했습니다. "내 혀가 보이느냐?"

"네. 보입니다."

"내 이는 보이느냐?"

"안 보입니다."

"혀는 있는데 이가 없는 이유를 알겠느냐?"

구도자는 이렇게 대답했습니다. "강하면 없어지고, 약하면 존재함을 이르는 게 아닌지요?"


## 하루 설계

오늘 아침에도 붉은 태양이 떠올랐습니다. 그렇게 경이로운 하루가 시작되었습니다. 하지만 날마다 일에 쫓기다 보면 대충대충 바쁘게 살아가게 되는 경우가 많습니다. 늘 그날이 그날 같아서 일상이 지루하고 권태롭게 느껴집니다.

빗방울이 떨어져 시내를 이루고 시내가 모여서 강물이 되듯이, 하루하루가 쌓여서 인생이라는 거대한 강물을 이룹니다. '바쁘다'는 핑계로 하루를 잘못 살면 일주일을 잘못 살고, 일주일을 잘못 살면 한 달을 잘못 살고, 한 달을 잘못 살면 1년을 잘못 살게 됩니다.

인생을 잘 살려면 오늘을 잘 살아야 합니다. 오늘을 잘 살기 위해서는 매일 하루를 설계해야 합니다. 대충대충 사는 것과 날마다 '오늘 하루를 어떻게 살까?' 생각하고 설계하여 사는 것은 분명히 다릅니다.

하루를 설계하라고 해서 치밀하게 계획을 세워 살자는 것이 아닙니다. 오늘 가야 할 방향을 설정하고, 오늘 해야 할 일이 무엇인지 점검해보자는 것입니다. 너무 치밀한 계획은 꽉 끼는 옷처럼 우리를 옥죌 수 있습니다. 하루를 설계하되 그 설계에 얽매이면 안 됩니다. 항상 헐렁하고 느긋하게, 나사가 풀린 듯이 여유 있는 마음으로 살아야 합니다.

일일일생一日一生이라는 말이 있습니다. 오늘 하루를 내 삶의 전부로 생각하고 살라는 뜻입니다. 매일 '오늘 아침에 태어나고 오늘 밤에 죽는다'는 마음으로 살면, 어영부영 대충대충 살면서 인생을 낭비하지 않게 될 것입니다.

하루살이처럼 살아야 합니다. 하루살이는 하루를 살기 위해서 1,000일을 땅속에 있다가 나온다고 합니다. 하루살이에게 지상에서의 하루는 눈부시게 아름답습니다. 하루살이에게는 삶과 죽음의 경계가 없습니다. 그래서 종일 사랑하는 일에만 정성을 쏟다가 자연스럽게 죽음을 맞습니다.

항상 오늘을 인생 최고의 날로 만들어서 살아야 합니다. 오늘이 가장 평온하고, 가장 행복하고, 가장 자랑스럽고, 가장 기쁜 날이 되어야 합니다. 그렇게 날마다 인생 최고의 날로 만들다 보면 어느새 풍성하고 성공적인 삶을 살게 될 것입니다.


## 주어진 인생을 즐기라

한 번뿐인 인생을 즐겁게 살아야 합니다. 밝은 표정으로 웃으며 살아야 합니다. 그러려면 마음이 평온해야 합니다. 즐거움은 억지로 나오지 않습니다. 마음이 불편하면 즐거움이 사라지지만, 마음이 평온하면 애써 노력하지 않아도 자연스럽게 즐거워집니다.

마음이 평온한 사람만이 세상의 주인이 될 수 있습니다. 마음이 불편하거나 괴로운 사람은 아름다운 이 세상을 온전히 느끼고 경험하지 못합니다. 부정적으로 왜곡된 경험만을 하며 살게 됩니다.

깨어 있으면 즐거워집니다. 온갖 생각 속에 빠져서 살아가면 즐거움을 느끼지 못하지만, 순간순간 깨어서 생생하게 경험할 때면 마음이 즐겁습니다. 우리는 생각 때문에 지금 이 순간에 깨어 있지 못합니다. 하지만 생각을 벗어나 지금 내 앞에서 전개되고 있는 상황을 알아차리면 사소한 일상과 작은 동작 하나, 작은 느낌 하나에서도 즐거움을 느끼게 됩니다.

푸른 하늘을 올려다보면서 즐겁고, 골목에 피어 있는 꽃을 바라보면서 즐겁고, 나뭇가지에 앉아서 지저귀는 새소리를 들으면서 즐겁고, 따스한 햇볕을 받으면서 즐겁고, 차 한 잔을 마시거나 음식을 먹으면서도 즐겁습니다. 걸어가면서도 즐겁고, 숨을 마시고 내쉬면서도 즐겁습니다.

즐기려면 무심할 줄 알아야 합니다. 무심하면 세상을 온전히 느낄 수 있습니다. 즐기려면 자신으로부터 벗어나야 합니다. 여러 가지 생각에 붙잡혀 있고 자기 자신에게 매여 있으면 온전하게 순간순간을 즐길 수가 없습니다. 자꾸 번뇌가 일어나고, 망상 속으로 빠져들고, 자신의 문제에 대해서 집착하게 됩니다.

즐겁게 살려면 즐길 줄 알아야 하고, 즐기려면 마음이 평화로워야 하고, 깨어 있어야 하고, 가끔 무심할 줄 알아야 합니다. 평온한 마음속에 즐거움이 있고, 순간에 깨어 있을 때 기쁨이 있고, 생각과 자신에서 벗어나 무심할 때 지금 이 순간이 황홀합니다.

# 바보로 사는 길

바보로 살면 아주 편합니다. 누가 바보라고 놀려도 상관이 없고, 못났다고 구박을 해도 괜찮습니다. 그래서 인생을 달관한 사람들은 바보를 자청하고, 바보로 살고자 했습니다.

바보란 다름 아닌 깨달음을 얻고 해탈을 한 사람의 모습이요, 부처의 모습입니다. 해탈한 사람은 시비분별에 걸리지 않고, 자기 자신에게 매여서 살지 않기 때문입니다. 그래서 해탈한 사람은 초탈한 삶을 살게 됩니다. 해탈한 사람은 구름에 달 가듯이 걸림이 없고, 강물이 흘러가듯이 순리대로 살아갑니다.

왜 도인이나 성인은 바보처럼 살았을까요? 세상을 큰 틀에서 보았기 때문입니다. 소아小我에서 벗어나 대아大我로 살았기 때문이며, 근원에서 바라보았기 때문이며, 상대계相對界에 갇히지 않고 절대계絶對界에서 노닐었기 때문입니다. 아무리 똑똑하고 잘난 사람도 자연의 섭리와 우주의 질서를 벗어날 수는 없습니다.

그들은 자신을 자연의 일부로 알고 자연과 하나된 삶을 살았습니다. 그들은 인생을 잠깐 왔다 가는 나그네로 보았기 때문에 허망한 돈, 명예, 권력을 좇으면서 괴로워할 필요가 없음을 알았습니다. 그 누구도 생로병사의 길에서 벗어날 수 없고, 목숨이 떨어지면 단돈 100원도 가지고 갈 수 없음을 확실히 깨달았습니다.

바보에게는 시비분별이 없습니다. 세상살이란 늘 시시비비를 가리고 이해타산을 따질 수밖에 없다고들 말합니다. 그래서 사람들은 더 많이 차지하고 더 많이 갖기 위해 피 터지게 싸웁니다. 하지만 바보는 옳고 그름을 따지지도, 잘났다 못났다를 분별하지도 않습니다. 더 많이 가지려고 싸우지 않으니 항상 마음이 편안합니다.

바보에게는 에고가 없습니다. 에고가 없기 때문에 누가 놀리고 구박을 해도 '헤헤' 하고 웃기만 합니다. 누구와도 다투지 않습니다. 바보는 과거에 집착하거나 미래를 걱정하지 않고 항상 현재에 주어진 일만 하면서 살아갑니다.

아무리 오랫동안 마음을 닦는 수행을 해도, 살아오는 동안 형성된 고정관념과 편견에서 벗어나기 어렵습니다. 선입견과 고정관념을 가지고 있기 때문에, 세상과 접촉하고 사람들을 만나다 보면 비교하고 분석하고 해석하게 됩니다. 좋다 싫다, 옳다 그르다, 잘났다 못났다고 판단을 합니다. 그리고 타인의 시선을 의식하고, 자신을 내세우려고 하고, 타인에게 무시당하면 화가 납니다.

과연 우리는 붓다처럼 사촌 동생이 자신을 네 번이나 죽이려고 별짓을 다 해도 상관하지 않고, 똥지게를 지고 가던 사람이 넘어지면서 똥바가지를 뒤집어씌워도 화내지 않고 함께 냇가에 들어가서 그 사람을 씻겨줄 수 있을까요? 어떻게 해야 그처럼 완전히 해탈할 수 있을까요?

붓다는 어떻게 그럴 수 있었을까요? 그는 항상 깨어 있는 삶을 살았습니다. 항상 성성하게 깨어서 지금 이 순간만 불태웠습니다. 마음을 허공처럼 텅 비우고 모든 것을 내려놓고 살았습니다. '나'라는 실체가 없음을 깨닫고 무아無我로 살았습니다. 개체의식을 벗어나 전체의식으로 살았으며, 상대세계를 벗어나 절대세계에서 살았습니다.

수행의 궁극적인 목적은 붓다와 장자처럼 대자유인이 되는 것입니다. 대자유인이 되려면 바보가 되어야 합니다. 늘 깨어서 바보처럼 살면 어디에도 걸림이 없는 삶, 이래도 좋고 저래도 좋은 삶, 좋고 싫음에서 벗어난 삶을 살게 됩니다. 바보로 산다는 것은 부처로 산다는 뜻이요, 도인으로 산다는 뜻입니다.

### 죽음을 두려워하지 않는 사람, 장자

우리는 죽음을 피할 수 없습니다. 언젠가는 숨이 거두어지는 순간이 찾아옵니다. 하지만 대부분의 사람들이 죽음은 자신과 관계가 없는 것처럼 여기면서 까마득히 잊고 살아갑니다. 그러다가 어느 날 갑자기 죽음이 찾아오면 어쩔 줄 몰라 하고, 무서워하고, 고통스러워합니다.

우리는 죽음 공부를 해둬야 합니다. 그래야 갑자기든 천천히든 죽음이 다가왔을 때 편안하게 맞이할 수 있습니다. 죽음을 공부하는 것이 곧 삶을 공부하는 것입니다. 죽음을 공부하면 어떻게 살아야 할지를 깨닫게 됩니다.

《장자莊子》〈지락至樂〉편에 재미있는 우화가 있습니다. 장자가 어느 날 초나라로 가다가 바싹 말라 형체만 남아 있는 앙상한 해골을 보게 되었습니다. 그는 그 해골을 말채찍으로 두드리면서 "어쩌다가 이렇게 되었느냐"고 한탄을 했습니다. 그런 후 해골을 끌어다 베고 잠이 들었고, 꿈속에서 그 해골과 대화를 나누었습니다.

장자가 해골에게 "만약에 다시 생전의 모습으로 돌아갈 수 있다면 그것을 받아들이겠느냐?"고 묻자 해골이 이렇게 대답했습니다. "죽음의 세계에는 임금도 없고 신하도 없고 계절의 변화도 없소. 임금 노릇 하는 것이 즐겁지만, 이보다 더 즐거울 수는 없소. … 내 어찌 임금 노릇 하는 즐거움보다 더 큰 즐거움을 버리고 산 사람으로 돌아가 고생하겠소?"

해골은 죽음 이후가 오히려 살았을 적보다 더 좋다고 이야기하고 있습니다. 죽음의 세계가 임금 노릇 하는 것보다 더 즐겁다고 말하고 있습니다. 죽음을 긍정적으로 바라보게 하는 대목입니다. 사람들은 보통 죽음을 부정적으로 바라보면서 회피하고 싫어하는데, 장자는 우리에게 신선한 충격을 줍니다.

또《장자》〈대종사大宗師〉편에는 이런 이야기도 나옵니다. "자연은 형상을 주어 나를 나게 하고, 삶을 주어 나를 수고하게 하고 있다. 늙게 만듦으로써 우리를 편안하게 해주고, 죽음으로써 우리를 쉬게 하고 있다. 삶을 잘 사는 것이 곧 죽음을 잘 맞이하는 길이다."

장자는 죽음에 대해 초연한 모습을 보입니다. 그는 죽음을 삶과 똑같이 자연스러운 것으로 봅니다. 장자처럼 모든 것을 자연에 맡기고 그 흐름을 따르다 보면 결국 죽음도 기꺼이 받아들이게 됩니다.

그렇습니다. 우리는 자연의 일부이며, 자연 그 자체이기도 합니다. 누구나 우주의 질서와 자연의 섭리에 따라 태어나서 살다가 죽게 됩니다. 꽃이 피었다가 지듯이, 계절이 왔다가 가듯이, 우리도 그렇게 살다 죽으면 됩니다.

크게 깨달은 사람은 죽음을 두려워하지 않습니다. 삶과 죽음이 둘이 아니라 하나임을 알기 때문이요, 생사가 자연의 섭리임을 알기 때문입니다. 깨달은 사람들은 한목소리로 "죽음은 고향으로 돌아가는 것"이라고 노래합니다. 우리가 태어나기 이전의 자리로 돌아가는 것이 죽음입니다. 그러니 아무것도 두려워할 것이 없습니다.

## 풍족한 삶보다 충만한 삶

사람들은 대부분 부귀영화를 꿈꾸고 부자가 되기를 바랍니다. 물질적으로 풍족한 삶을 추구하면서 영적으로 충만한 삶을 살 줄 모르고 살아갑니다. 사람들은 무엇보다도 물질적으로 풍족한 삶을 살 수 있기를 바랍니다. 돈이 많으면 행복할 거라는 믿음 때문입니다.

하지만 돈만 많다고 행복한 게 아닙니다. 돈은 필요조건이지 충분조건은 못 되기 때문입니다. 가진 게 많아도 정신적으로 평화롭고 영적으로 충만한 삶을 살지 못하면 진정한 행복을 느낄 수 없게 됩니다.

사람은 영혼과 정신과 육체로 이루어진 존재입니다. 따라서 정신적으로 안정이 되고 육체적으로 건강해야 행복한 삶을 영위할 수 있습니다. 하지만 또 그것만으로는 충분하지가 않습니다. 또 한 가지 영적으로 충만해야 깊은 행복을 느낄 수 있게 됩니다.

내가 그랬었습니다. 40대가 되어 어느 정도 경제적 안정이 된 후로도 늘 마음이 허전하여 여기저기 쏘다니면서 방황을 하였습니다. 영적으로 충만해지는 경험이 없었기 때문입니다. 그 후 명상을 통해서 영성을 깨닫게 되었으며, 산골 마을에서 혼자서 2년간 살면서 영적인 삶을 체험하면서 내 삶은 거듭나게 되었고 나의 방황은 모두 끝이 났습니다.

돈이 많다고 심신이 편안해지고 행복한 건 아닙니다. 마음이 평온하고 영적으로 충만하게 살 수 있는 것도 아닙니다. 오히려 가진 게 많으면 그 덫에 걸려서 대부분 더 바쁘고 복잡한 생활을 하게 되어 평온하고 충만해지는 삶을 살기가 어렵게 됩니다.

마음공부가 되면 가진 것이 없어도 붓다나 디오게네스나 장자처럼 정신적인 평온과 즐거움을 느끼면서 충만한 삶을 살 수 있습니다. 붓다는 걸식을 하면서 살았고, 장자는 가난했지만 도인의 삶을 살았고, 디오게네스는 철저하게 무소유의 삶을 살면서 구도자의 길을 걸었습니다. 그들이 살았던 시대와 현대는 분명하게 다르지만, 소유의 지배에서 벗어나면 지금도 가능한 일입니다. 셋방이라도 편히 쉴 곳이 있고 생계를 유지할 수 있는 경제력이 있으면, 돈의 노예에서 벗어나 주체적인 인생을 살 수 있습니다.

대부분의 불행은 타인과 비교하면서 생깁니다. 타인과 비교하면서 상대적인 불행감을 느끼고, 온갖 생각을 통해서 불행을 확대 재생산해냅니다.

지금 이 순간을 살면 충만해집니다. 어떤 것에 붙잡혀 있지 않고 순간순간 깨어서 생생하게 경험하고 있을 때 충만해집니다.

무심하게 살면 충만해집니다. 마음속에서 비교하고 해석하고 판단하는 일이 없으면 자연스럽게 무심해지면서 충만해집니다.

자연과 함께할 때도 충만해집니다. 찰나 찰나 변화해가는 자연을 느끼고 교감할 때 말할 수 없이 깊은 충만해지는 경험을 합니다.

비가 내릴 때나 눈이 내릴 때도 가만히 그 광경을 바라보면서 충만함을 느낍니다. 붉게 타오르는 저녁노을을 바라볼때, 휘영청 밝은 달이 뜬 하늘을 바라볼 때, 아름다운 별밤을 올려다볼 때 충만해집니다.

잔잔한 호수나 푸른 강물이나 넓디넓은 바다를 바라볼 때 나는 충만해집니다. 신선한 아침 공기를 느끼고 있을 때, 살랑살랑 바람이 불 때 충만해집니다. 선율이 아름다운 가곡을 듣거나 클래식 음악이나 연주곡을 들을 때도 충만해집니다.

가만히 앉아서 명상을 통해 마음이 평온하고 고요해지면 충만해지는 나를 느낍니다. 충만해지면 소유로부터 자유로워집니다. 갈증과 허기가 사라지고, 아무것도 부럽지 않고 아무런 부족함도 없는 깊은 행복을 느낍니다.

충만해지면 자기로부터 해방이 됩니다. 근심과 걱정이 없고, 분노와 두려움도 없습니다. 내가 완전해집니다. 모든 차별과 경계가 무너져서 삶과 죽음으로 분리되지 않는 온전한 하나임을 깨닫게 됩니다.

## 죽음은 소멸이 아니라 합일이다

죽음이 두렵고 무서운 이유는 무지 때문입니다. 사후세계를 믿거나 잘못된 내세관을 가지고 있기 때문입니다. 죽음은 소멸이 아니라 합일입니다. 죽음은 없어지는 게 아니라 근원으로 돌아가는 것입니다. 본래의 고향으로 돌아가는 것입니다. 태어나기 이전의 자리로 돌아가는 것입니다. 빗방울이 떨어져서 호수가 되듯이, 강물이 흘러가서 바다가 되듯이, 낙엽이 쌓여서 나무뿌리로 돌아가듯이, 원래의 자리로 돌아가는 것뿐입니다. 그것이 자연의 법칙이요, 우주의 질서요, 신의 섭리입니다.

우리는 자신의 의지와 관계없이 이 세상에 태어납니다. 그리고 태어나서 성장하는 동안 점차 자아의식이 생겨나 세상과 분리됩니다. 깨어 있지 못하면 평생 그 분리감 속에서 불행하게 살게 됩니다. '너 따로 나 따로'라고 생각하며 이기적으로 살게 됩니다. 내면에 자리 잡은 자아의식은 세상을 이분법적으로 봅니다. 생과 사, 선과 악, 옳음과 그름, 아름다움과 추함으로 나누어서 경험하고 천당과 지옥을 만들어냅니다.

봄에 꽃잎이 돋아 활짝 피어나고 열매를 맺은 후 떨어지듯이, 먼 바다로 나갔던 연어가 모천<sup>母川</sup>으로 다시 돌아와 알을 낳고 삶을 마감하듯이, 사람도 저마다 자연의 법칙대로 생로병사의 길을 걸어갑니다. 자연이 순환을 통해서 끝없이 생명을 이어가듯이, 우리도 겉모습은 저마다 다르게 태어나서 살다 죽지만 모두 같은 바탕에 뿌리를 두고 있는 하나의 생명입니다.

육신이 죽으면 개체적인 자아는 소멸되지만, '참나'인 전체적인 자아는 육신과 별개로 영원합니다. 그렇기 때문에 죽음은 소멸이 아니라 합일입니다. 예수는 "나는 길이요 생명이니 나를 믿는 자는 영원히 죽지 않는다"고 했습니다. 여기에서 예수가 말한 '나'는 예수 자신을 말하는 게 아니라 누구에게나 있는 '참나'를 의미합니다.

깨달은 사람에게는 생사가 없습니다. 참나를 깨닫게 되면 생사가 무의미해집니다. 자신이 불생불멸하는 존재임을 알기 때문입니다. 이렇게 죽음을 이해하고 받아들이면 더 이상 두렵지 않습니다. 파도가 바다에서 생겨났다가 다시 바다로 돌아가듯이, 우리도 이 세상에 나오기 이전의 본래 자리로 돌아가는 것뿐입니다. 파도는 본래부터 바다였으며, 우리는 본래부터 우주입니다.


자기 인생의 주인이 되라


인간은 혼자만의 힘으로 살아갈 수 없는 나약한 존재입니다. 그래서 무리를 짓고 사회를 만들었습니다. 사람(人)이라는 한자가 말해주듯이, 우리는 서로 기대고 살아갑니다. 어린이는 부모에게 기대고, 부부는 서로에게 기대고, 늙은 부모는 자식에게 기댑니다. 그 밖에도 여러 형태의 집단과 조직을 이루어 서로 기대고 살아갑니다. 태생적인 한계와 환경적인 측면에서 바라보면, 인간이 가정과 사회를 이루고 서로 기대어 사는 것은 너무나 당연한 일입니다.

하지만 우리는 여기에만 머물지 말고 한 단계 뛰어넘어 자기 인생의 주인으로 거듭나야 합니다. 자기 삶을 주체적으로 운용하는 주인이 되어야 합니다. 정신적으로는 그 어디에도 기대거나 의존하지 않고 떳떳하게 존재해야 합니다. 정신적인 의존에서 벗어나야 자기 인생의 주인으로 살 수 있습니다.

많은 사람들이 정신적으로 홀로 서지 못한 채 어딘가에 의지하며 살아갑니다. 마음이 불안하기 때문입니다. 돈에 집착하거나 종교에 깊이 빠진 사람들이 그 대표적인 예입니다. 진화생물학자인 리처드 도킨스Richard Dawkins는 《만들어진 신》이라는 책에서 이렇게 말했습니다. "인간은 죽음이 두려워서 신과 종교를 만들었고, 삶이 두려워 사회를 만들었다. 죽음의 공포가 두려워 절대적인 존재를 만들어 기대려고 한 것이다."

길게 보면 세상 모두는 내 곁을 떠납니다. 부모도 자식도 부부도 언젠가는 모두 내 곁을 떠날 것입니다. 세상에 믿을 것은 나의 '깨어 있는 의식'밖에 없습니다. 그 누구에게도 기대지 마십시오. 어떤 대상에도 의존하지 마십시오. 심지어

내 몸과 마음도 믿을 게 못 됩니다. 우리 마음은 수시로 변덕을 부리고 혼란에 빠지고 방황합니다. 우리 몸은 점점 더 아프고 병들고 늙어갑니다.

오직 깨어 있는 의식만이 나를 지켜줍니다. 늘 깨어 있으면 어떤 풍파가 닥쳐도 동요하지 않게 됩니다. 그렇게 마음이 안정되어야 내 삶의 주인으로 살 수 있습니다. 깨어서 마음이 평온한 사람은 그 무엇에도 의존하려 하지 않습니다. 그 자체로 충분하고, 그 자체로 완전하기 때문입니다.


## 자기 정체성을 찾으라


요즘 직장인들은 기계적인 삶을 삽니다. 아침에는 출근하기 바쁘고 종일 일에 시달리다가 늦게 퇴근해서 잠을 자고, 다시 출근하고 퇴근하는 습관적인 삶을 살아갑니다. 주말에 잠깐 쉬더라도 일에 대한 부담과 스트레스는 쉽게 사라지지 않습니다. 그렇게 10년, 20년, 30년 살다 보면 기계와 비슷해집니다. 참다운 인간이 아니라 돈 버는 기계로 전락하고 맙니다.

우리 인생은 한 번뿐입니다. 같은 강물에 두 번 발을 담글 수 없듯이, 우리도 두 번 다시 살 수 없습니다. 우리에게는 단 한 번만 살 기회가 주어졌을 뿐입니다. 그래서 우리의 삶은 금쪽처럼 소중하고 값집니다. 젊을 때는 인생이 길게 느껴지지만 아차 하는 순간에 흘러가버립니다. 정신 차려서 살지 않으면 시시하게 살다가 가고 맙니다. 자신의 인생을 제대로 꽃피워보지도 못하고 시들어가게 됩니다.

우리는 왜 태어났을까요? 우리는 저마다 다른 외모와 성격을 가지고 태어납니다. 각자가 서로 다른 외모와 개성을 가지고 태어난 이유는 저마다 자기에게 맞는 일을 하면서 인생을 활짝 꽃피우기 위함입니다. 다른 사람을 닮으려고 할 필요가 없습니다. 자기에게 맞는 일, 자신이 하고 싶은 일을 하면서 살아야 합니다. 그래야 한 번뿐인 인생을 아름답게 활짝 꽃피울 수 있습니다. 자기답게 살지 못하면 늘 방황하게 되고, 마음이 허전하여 참된 행복을 발견하기 어렵습니다.

자기답게 살려면 자기 정체성을 찾아야 합니다. 어디에서 무슨 일을 하든지 자기 자신이 누구인지를 알아야 합니다. 자기 정체성을 찾으려면 자기 자신과 충분히 대화를 해야 합니다. 조용히 자기 내면의 소리를 들을 줄 알아야 합니다. 하지만 일에 쫓기다 보면 내면의 소리를 들을 수가 없습니다. 그래서 혼자만의 시간을 가지는 것이 중요합니다.

종종 혼자서 산행을 하거나 여행을 하는 것이 좋습니다. 한 달 이상 시간을 내어 조용한 곳에 혼자 머물 수 있다면 더없이 좋겠지만, 그렇게 하기 어렵다면 자기 내면의 소리를 듣는 습관을 길러야 자신의 영혼과 일치된 삶을 살 수 있습니다. 자신의 영혼과 일치된 삶을 살아야 깊은 만족과 행복을 느끼면서 자기 인생을 유감없이 활짝 꽃피우게 됩니다.


## 죽을 때 가지고 갈 것


세상의 모든 괴로움은 욕망과 집착에서 비롯됩니다. 더 많이 가지려 하고, 무엇이 되려 하고, 어떤 일을 이루려는 욕망과 애착 때문에 괴로움이 생깁니다. 그것을 가지지 못해서, 그것이 되지 못해서, 그것을 이루지 못해서, 그것을 잊지 못해서 괴롭습니다. 하지만 오늘이라도 죽음이 찾아온다면 당신이 애지중지한 그 모든 것은 아무 필요가 없게 됩니다.

당신이 죽어서 가지고 갈 것은 무엇인가요? 죽음 앞에서 소용 있는 것이 무엇인가요? 재산인가요? 가족인가요? 직장인가요? 명예인가요? 당신이 아끼는 책, 핸드폰, 자동차, 옷, 귀금속, 땅, 집, 은행 통장 등 그 무엇도 가지고 갈 수 없습니다. 모든 것이 휴짓조각이요, 바닷가에 쌓아 올린 모래성에 불과합니다. 죽음이 닥치면 재산도 무용지물이고, 가족과도 헤어져야 하고, 직장과도 이별해야 합니다. 당신이 이루고자 했던 모든 것이 한순간에 수포로 돌아갈 것입니다. 그래서 인생을 '공수래공수거'라고 한 것입니다.

아무리 날고 기는 재주가 있어도 우리는 빈손으로 왔다가 빈손으로 떠납니다. 엄청난 재산을 가지고 있는 재벌총수도, 최고 권력자인 대통령도, 만인의 사랑을 받는 연예인도 결국 모든 것을 두고 빈손으로 떠날 수밖에 없습니다. 이것은 한 치의 어긋남도 없이 모두에게 적용되는 진리입니다. 누구에게나 죽음은 찾아오기 마련이고, 그날이 언제 올지는 아무도 모릅니다.

죽으면 소용없어질 것들에 매여 평생을 아등바등 살지 말고 자기 존재에 눈을 떠야 합니다. '나는 누구인가?'라는 물음의 해답을 찾아 나서야 합니다. 스스로 묻고 찾다 보면 그 해답을 얻게 됩니다. 그 해답을 얻으면 사는 게 허망하지 않습니다. 사는 게 가볍고 즐거워집니다.

궁극적으로 어떤 것에도 매여 있지 않을 때, 당신의 삶은 꽃처럼 아름답게 피어납니다. 모든 것을 비우고 내려놓을 때, 그동안 갇혀 있던 자아의 감옥에서 벗어나 세상과 하나가 됩니다. 온 세상이 아름다운 천국으로 변합니다.


안명


《장자》〈인간세人間世〉편을 보면 이런 구절이 있습니다. "어찌할 수 없음을 알면 편안하게 운명으로 받아들여라."

왜 모든 일이 내 뜻대로 안 될까요? 우리는 일이 잘 안 될 때 사주가 어떻고 팔자가 어떻고 하면서 팔자타령을 하거나, '전생에 내가 무슨 죄를 지어서…' 하고 전생을 운운하며 업보를 생각합니다. 아무리 노력하고 별수를 써보아도 안 될 때, '정말 운명이라는 것이 있는가?' 하는 생각도 해보게 됩니다. '내 인생은 스스로 만들어가는 것인가, 아니면 어떤 알 수 없는 힘의 지배를 받고 있는 것인가?' 하는 의문을 품게 됩니다. 그래서 많은 사람들이 신을 찾거나 종교에 의지합니다.

운명이란 무엇일까요? 《장자》〈대종사편〉에는 이런 이야기가 나옵니다. 옛날에 자여子輿와 자상子桑이라는 두 친구가 있었습니다. 장맛비가 열흘 이상 내리자, 자여는 혹시 친구인 자상이 굶어 죽었을지도 모른다는 불길한 생각이 들어 밥을 싸 들고 그의 집으로 찾아갔습니다. 그런데 자상은 초췌한 모습으로 앉아 가야금을 연주하면서 울먹이는 듯 이상한 소리를 내고 있었습니다.

자여가 자상에게 왜 그러느냐고 물었더니, 자상은 이렇게 말했습니다. "내가 이 지경이 되게 한 존재가 누구인지 생각해보았네. 부모가 내가 이렇게 가난하기를 바랐을 리가 없고, 하늘이 내가 이렇게 되라고 하지는 않았을 것이네. 아무리 생각해봐도 잘 모르겠는데, 이것은 아마도 운명이겠지."

그 당시에는 사람들이 모두 농사를 짓고 살았기 때문에, 가뭄이 들거나 홍수가 나거나 태풍이 몰아쳐서 농사를 망치게 되면 굶는 일이 허다했습니다. 자상은 자신의 혹독한 시련과 가련한 처지를 운명이라고 생각했습니다.

여기에서 자상의 말을 잘못 오해해서는 안 됩니다. 자상은 자신의 불행한 삶을 운명으로 받아들인다고 했는데, 그것은 체념이 아니라 자신의 힘으로는 어찌할 수 없는 어떤 힘의 작용을 담담하게 받아들이겠다는 초월적 순응의 자세입니다. 이 세상에는 인간의 능력으로는 어떻게 할 수 없는 일들이 엄연히 존재하기 때문입니다. 예를 들어서 그 누구도 자신이 태어난 시기와 장소, 부모를 마음대로 취사선택할 수 없습니다.

장자는 〈인간세〉편에서 운명에 대해 이렇게 말합니다. "그 어찌할 수 없음을 알아 편안히 명命으로 받아들이는 것이 지극한 덕이다."

장자 또한 평생 가난하게 살았습니다. 잠깐 옻나무밭 관리인으로 일한 것을 빼고는 관직에 나간 적도 없고, 부모로부터 받은 유산도 없었으며, 사업 수완도 없어서 항상 끼닛거리를 걱정할 정도였습니다. 하지만 그는 개의치 않고 늘 평온하고 자유로운 영혼으로 살았습니다.

장자는 사람의 능력으로는 어찌할 수 없는 자연적이고 사회적인 힘을 '운명'이라고 말했습니다. 그러나 이는 주체적이고 능동적인 삶을 포기하고 주어지는 대로 무조건 따르라는 소극적인 삶의 태도가 아닙니다. 세상만사가 모두 정해진 틀에 따라 흘러간다는 숙명론도 아닙니다. 노력으로써 바꿀 수 있는 것들이 많지만, 아무리 마음에 들지 않아도 결코 바꿀 수 없는 것들이 있음을 기꺼이 받아들이라는 뜻입니다.

장자는 '운명'이라는 본질적인 힘의 근거를 자연에서 찾았습니다. 여기에서 말하는 자연은 해와 달, 숲, 바다 등 우리의 눈에 보이는 물질적 대상이 아니라, 본질적으로 '스스로(自) 그러함(然)'의 성질을 지니고 있는 우주만물 그 자체를 의미합니다. 그는 인간세계와 자연계에서 이루어지는 모든 일은 이러한 자연의 법칙과 질서를 따른다고 보았습니다.

지금 이 순간에도 우주에는 수많은 별들이 생기고 사라지고 있습니다. 지구에서도 매 순간 수많은 생명체가 생겨나고 사라지고 있습니다. 지구도 생명체요 우주도 거대한 생명체입니다. 지구와 달이 돌면서 밤과 낮과 계절을 만들어내고 그에 따라 수많은 생명들이 생겨났다 사라지듯이, 우리는 자연의 섭리와 우주를 움직이는 힘을 인지하고 그것을 나의 삶과 일치시켜나가야 합니다.

살아가다 보면 앞에서 언급했던 것처럼 태어난 시기와 장소와 부모를 선택할 수 없는 것 말고도 사람의 의지와 힘으로는 어찌할 수 없는 것들이 있습니다. 예를 들어서 모처럼 사업을 시작했더니 예상하지 못했던 경제 불황이 찾아와 어려움을 겪기도 하고, 자신이 의지하고 사랑하던 사람이 뜻밖에 세상을 떠나기도 합니다. 그럴 때 우리가 할 수 있는 일은 그 흐름에 자신을 내맡기고 고요히 지켜보는 것뿐입니다. 우리가 알 수 없는 것, 우리의 힘으로는 어쩔 수 없는 것, 우리의 능력과 한계를 넘어서는 것을 마주했을 때 자신을 내맡기고 거기에 편안하게 머무는 것. 이것이 장자가 말한 안명安命입니다.

이 안명의 가르침은 어떤 절대자나 하늘에 대한 두려움에서 비롯된 것이 아닙니다. 자생자화自生自化하면서 자유자재自由自在하는 자연의 법칙과 힘의 원리를 터득한 결과입니다.


### 한 걸음 떨어져서 바라보기


하늘이 항상 청명할 수는 없습니다. 구름 한 점 없이 맑은 날도 있지만, 구름이 끼어 흐린 날도 있고, 검은 먹구름이 드리워서 어두운 날도 있고, 세차게 비바람이 불거나 눈보라가 몰아치는 날도 있습니다. 이처럼 우리의 삶에도 빛이 있는가 하면 그림자도 있습니다. 오르막길이 있으면 내리막길도 있습니다. 누구나 살다 보면 몇 차례 힘든 고비를 만나기 마련입니다.

시련과 역경이 닥치면 그 당시에는 힘들고 괴롭지만, 지나고 보면 다 내 성장을 위해서 필요했던 일임을 깨닫게 됩니다. 태풍이 자연생태계의 유지를 위해서 필요하듯이 실패와 좌절, 시련과 아픔도 내게 필요해서 나타난 것입니다. 뜨거운 뙤약볕과 세찬 비바람을 견디면서 과일이 익고 곡식이 영글듯이, 사람도 시련과 고난을 통해서 성숙해집니다. 아픔과 고통 없이 살아온 사람은 온실 속의 화초처럼 허약하여 조그만 시련이나 역경에도 쉽게 무너집니다.

살다가 갑자기 명예가 크게 실추되거나, 사업에 실패하거나, 사랑하는 사람이 세상을 떠나는 등의 정신적 충격을 받게 되면 흔히들 커다란 좌절감 속으로 빠져듭니다. 그때 앞이 캄캄해지고 속으로 '나는 그런 팔자를 타고 났구나', '이제 다 끝났어', '더 살아서 뭐해' 하는 생각을 하면서 자신을 더 힘들게 하거나 더 깊은 수렁 속으로 빠져들게 됩니다.

세월이 약이라는 말이 있듯이, 아무리 큰 충격도 세월이 흐르다 보면 잊히기 마련입니다. 아무리 쓰라린 상처도 언젠가는 아뭅니다. 살다 보면 살아지는 게 세상입니다. 문제는 자신의 의지에 달려 있습니다. 그런 시련과 아픔을 교훈으로 삼아 다시 도전하는 사람은 결국 더 크게 발전하지만, 실망하고 좌절하여 자신감을 잃어버린 사람은 뒷걸음질 치는 삶만을 경험하게 됩니다.

지금은 힘들더라도 좌절하지 마십시오. 세상은 시시각각 변해가는 것이니 도전정신을 잃지 말아야 합니다. 시간이 흐르다 보면 새로운 길이 열리고, 더 좋은 기회가 오기 마련입니다. 지금의 상황만 보고 속단하지 말고, 한 걸음 떨어져서 차분하고 느긋하게 지켜보십시오.

옛날 춘추전국시대에 진나라 헌공獻公이 전리품으로 데리고 온 오랑캐의 딸이 있었습니다. 여희麗姬라는 아리따운 여인이었는데, 포로가 되어 부모 형제와 정든 고향을 떠나야 할 때 울고불고 발버둥을 쳤다고 합니다. 하지만 궁궐에 온 여희는 왕비가 되어 온갖 부귀영화를 누리게 되었고, 자신이 고향을 떠나올 때를 회상하면서 '그때 내가 바보처럼 왜 울었을까?' 하고 생각했다고 합니다.

힘들고 고통스러울 때는 자신의 삶을 긴 호흡으로 바라보십시오. 자신의 삶을 마치 타인의 삶을 바라보듯이, 또는 영화를 보듯이, 한 걸음 떨어져서 바라보십시오. 그러면 어떤 상황에서도 가볍게 행동하거나 부화뇌동附和雷同하지 않고, 차분하게 자신을 바라보게 되어 조화롭고 원만한 삶을 살게 됩니다.

## 지금 이 순간에 존재하라

마음을 비워야 지금 이 순간에 진정으로 존재할 수 있습니다. 마음을 비우지 못하면 한적한 산골에 있어도 진정으로 존재하지 못하고, 마음을 비우면 비록 시장바닥에 있더라도 진정으로 존재할 수 있습니다.

일상생활 속에서 진정으로 존재하려면 어떻게 해야 할까

요? 우선 모든 것을 있는 그대로 인정하고 받아들여야 합니다. 마음속에서 무언가를 거부하거나 저항할 때는 지금 이 순간에 머물 수가 없습니다. 있는 그대로 받아들일 때라야 비로소 마음속의 싸움이 멈춥니다.

무엇이 되었든 간에 어떤 대상에 매여 있고 사로잡혀 있으면, 즉 욕망이 마음속에 자리 잡고 있는 한은 진정으로 존재할 수 없습니다. 욕망에는 반드시 집착이라는 그림자가 따라붙습니다. 그래서 매 순간 온전히 존재하기 위해서는 '욕망'에 따라 사는 것보다 '필요'에 따라 살아야 합니다.

단순하게 살아야 합니다. 복잡하면 지금 이 순간에 온전히 존재할 수 없습니다. 생활이 복잡하면 마음이 복잡하고, 마음이 복잡하면 온전히 존재할 수 없습니다. 불필요한 일과 쓸데없는 관계들을 정리해야 합니다.

깨어 있으면 존재하게 됩니다. 성성하게 깨어서 지금 이 순간을 살면 자연스럽게 존재하게 됩니다. 깨어 있으면 욕망과 집착에 빠지지 않게 되고, 번뇌와 망상이 없으므로 온전히 존재하게 됩니다.

늘 깨어서 마음의 흐름을 살펴야 합니다. 그러기 위해서는 생활 속에서 꾸준히 무심無心을 익혀야 합니다. 절 수행이든, 만트라 수행이든, 알아차림 명상이든 무심을 익히는 수행을 하면 마음이 쫓기지 않고, 사로잡힘에서 벗어나서 지금 이 순간에 온전히 존재하게 됩니다.

'존재한다'는 것은 깨어 있다는 뜻이요, 이 순간을 온전하게 경험한다는 의미입니다. '존재한다'는 것은 현재를 산다는 뜻입니다. 이 순간에 깨어서 온전하게 경험할 때, 이 순간을 온선하게 사는 것입니다.

어떤 생각에 사로잡힌 채로 걷거나 운전을 하면 그 길을 어떻게 지나왔는지 모른 채로 스쳐 지나가게 되듯이, 깨어서 이 순간에 존재하지 못하면 순간순간 생생하게 경험하지 못하기 때문에 살아도 사는 게 아닙니다. 온전한 삶을 위해서는 지금 이 순간에 깨어서 존재해야 합니다.

그렇게 존재하게 되면, 모든 것을 비교하고 분석하고 해석하고 계산하는 머리가 쉬고 가슴으로 느끼게 됩니다. 머리가 아닌 가슴으로 느낄 때 나와 우주는 하나가 됩니다. 다시 말해 무심으로 온전히 존재하면 무아無我가 되고, 무아가 됨으로써 온 세상과 나는 둘이 아니라 하나가 됩니다. 그것이 대승불교에서 말하는 견성성불見性成佛입니다.

마음을 닦아서 그런 경지에 도달하는 것이 아니라, 본래 우리가 그러하기 때문에 번뇌 망상의 구름만 사라지면 푸른 하늘 같은 바탕이 드러나는 것입니다.

## 열락의 기쁨

사는 게 재미있어야 합니다. 호수에 잔물결이 일 듯 늘 잔잔한 기쁨이 일어나야 합니다. 그렇지 않다면 그 이유는 단 한 가지, '본래의 나'로 살지 못하고 있기 때문입니다. 욕망과 집착에 사로잡혀 있으면 '본래의 나'로 살지 못하기 때문에 무얼 해도 재미가 없고 기쁘지 않습니다.

법정 스님은 이렇게 말했습니다. "참으로 산다는 것은 당신이 집착하고 있는 모든 것을 버릴 때만 가능하다. 그래야 하루하루가 새로운 날이 된다. 당신은 날마다 죽으면서 다시 태어나야 한다. 집착을 내려놓지 못하면 현재를 온전히 살지 못한다."

마음이 무엇을 해야 한다는 생각에 빠져 있거나, 어떤 일에 사로잡혀 있을 때는 지금 여기에 온전히 존재하지 못합니다. 모든 것을 내려놓고 마음을 텅 비울 때, 바쁨에서 벗어나 마음의 여유가 있을 때 비로소 이 순간에 온전히 존재하게 됩니다.

주말이나 휴가 중에 마음이 직장에서 벗어나고 일에서 풀려나면 기분이 좋고 즐거워집니다. 잃어버린 존재감을 회복하기 때문입니다. '본래의 나'로 돌아오기 때문입니다. 누구나 순수한 자기 자신으로 돌아올 때 행복을 느낍니다.

소유 욕망에서 벗어나면 마음이 홀가분해지고 편안해집니

다. 오랫동안 소유의 감옥에 갇혀 있던 영혼이 빛을 보게 됩니다. 잔잔한 기쁨이 배어 나오고, 그냥 사는 게 재미가 있어집니다. 하지만 성취 지향적, 소유 지향적, 목적 지향적인 삶을 사는 사람은 늘 마음속에서 불만족과 갈증과 심리적인 허기를 느끼고 살기 때문에 결코 진정한 평온함과 참된 행복을 맛볼 수 없습니다. 소유 지향적인 삶에서 존재 지향적인 삶으로 거듭날 때 참다운 평온함과 잔잔한 기쁨, 깊은 행복을 느낄 수 있습니다.

가진 것이 없어도 얼마든지 마음만 비운다면 이런 열락悅樂의 기쁨을 누릴 수 있습니다. 아무리 돈이 많아도 이 순간에 온전히 존재할 줄 모른다면 그는 불행한 사람입니다. 아무리 가난한 사람이라도 평온한 상태에서 이 순간에 온전히 존재한다면 그는 행복한 사람입니다. 진정으로 존재할 때 나는 자연이 되고 우주가 됩니다. 진정으로 존재할 때 '작은 나'에서 벗어나 '큰 나'가 됩니다.

풍족하게 소유하는 것이 아니라 풍성하게 존재하는 삶을 살아야 행복합니다. 소유하는 법이 아니라 존재하는 법을 알아야 합니다. 이것이 진정한 무소유의 뜻입니다. 적은 것에 만족할수록 존재하기가 쉬워지고, 많이 소유할수록 존재하기가 어려워집니다.

# 죽을 때 기뻐하는 삶

"네가 세상에 태어날 때 너는 울었지만 세상은 기뻐했으니, 네가 죽을 때 세상은 울고 너는 기뻐할 수 있도록 그런 삶을 살라." 미국 인디언 부족인 나바호Navajo 족에서 전해오는 말입니다. 참으로 거룩하고 가슴 떨리는 말입니다. 이 말을 떠올릴 때마다 정말 잘 살아야겠다는 생각을 하게 됩니다.

보통 우리는 죽을 때 기뻐할 정도면 수행을 오랫동안 한 선사들이나 큰 깨달음을 얻은 성자들일 거라고 생각합니다. 우리 같은 범인들은 도저히 상상할 수 없는 경지처럼 느껴집니다. 대체 어떻게 살아야 죽을 때 기뻐할 수 있을까요?

죽음을 기뻐하는 사람이 되려면, 첫째로 죽음에 대한 두려움이 없어야 합니다. 인생 공부가 잘된 사람은 죽음을 두려워하지 않습니다. 아무리 돈이 많고 사회적 지위가 높아도 공부가 안 된 사람은 죽음 앞에서 두려움에 빠집니다.

둘째로 '잘 살아야' 합니다. 잘 산다는 게 무엇일까요? 돈을 많이 벌고 출세한 사람이 잘 산 사람일까요? 지위가 높고 권세를 부린 사람이 잘 산 사람일까요? 어떤 직업을 가지고 무슨 일을 하든 늘 최선을 다하고 그 속에서 기쁨과 보람과 행복을 느낀 사람이 잘 산 사람입니다. 또한 자기만을 위한 삶이 아니라 이타적인 삶을 산 사람이 잘 산 사람입니다.

하지만 이 둘만으로는 아직 충분하지 않습니다. 진정으로 기쁘게 죽음을 맞이할 수 있는 사람은 인생의 궁극적인 질문에 해답을 얻은 사람입니다. 어디에서 와서 어디로 가는지, 왜 태어나고 왜 죽는지 그 이유를 알게 된 사람입니다. 이는 마음공부가 잘 되어서 평온하고 온전한 인간이 되어야만 가능한 일입니다. 자신을 완전히 비워서 자유로운 사람이 될 때라야 죽음을 기쁨으로 맞이할 수 있습니다.

인도의 명상가인 스리 라마나 마하리쉬Sri Ramana Maharishi는 임종을 앞두고 "아, 기쁘디!"라고 말하였습니다.

반자본, 반권력의 삶을 실천했던 평화론자 스콧 니어링Scott Nearing은 100세 되던 해에 단식을 통해 스스로 죽음을 선택했습니다. 그 역시 죽기 직전에 "아, 좋다"라고 말했습니다.

또다른 인도의 명상가 오쇼 라즈니쉬Osho Rajneesh도 임종 직전에 슬퍼하는 제자에게 "그러면 안 된다"고 말렸으며, 그의 제자들은 스승의 시신을 가운데에 두고 북을 치고 춤을 추며 죽음을 축제로 만들었습니다.

교황 요한 바오로 2세는 임종을 눈앞에 두고 이렇게 말했습니다. "나는 행복합니다. 그대들 또한 행복하시오."

조선시대 유학자인 화담花潭 서경덕徐敬德은 임종을 눈앞에 두고 있을 때, 제자가 현재의 심경이 어떠냐고 묻자 이렇게 말했습니다. "삶과 죽음의 이치를 알고 나니 편안하구나."

## '공수래공수거'라는 약

인생을 가장 절묘하게 표현한 말이 '공수래공수거'입니다. 그동안 우리가 주변에서 쉽게 듣고 많이 사용해온 말이기도 합니다. 누구나 태어날 때 빈손으로 태어나고, 목숨을 거둘 때도 빈손으로 떠나갑니다. 아무리 돈이 많은 부자도, 아무리 인기가 좋은 배우도, 아무리 지위가 높은 사람도, 아무리 많은 권세를 부리는 사람도 결국 빈손으로 세상을 떠나게 됩니다.

죽을 때는 단돈 100원도 가지고 가지 못하는데 사람들은 돈의 노예가 되어 살아갑니다. 더 많이 가지려 하고, 이미 많이 가지고 있어도 나누려고 하지 않습니다. 물질문명이 발달하고 자본의 시대가 되어 돈을 최고의 가치로 두고 살아가는, 돈에 대한 맹목적인 신앙이 사회 전반에 퍼져 있습니다.

돈에 대한 맹신은 온전한 삶을 방해합니다. 오직 재산증식에만 열을 올리고, 사람의 가치를 돈으로 판단하고, 성공의 기준을 돈에다 두고 살아가게 합니다. 그러니 삶이 평화로울 수 없습니다. 그렇게 살아가면 모든 사람과 경쟁관계 혹은 적대관계가 되기 쉽습니다. 그래서 스트레스를 받고, 불안하고, 우울하고, 짜증이 납니다.

평소에 우리는 이 분명한 공수래공수거의 법칙을 까맣게 잊고 살아갑니다. 그래서 사는 게 힘들고 괴롭습니다. 많은 사람들이 마치 천년만년 살 것처럼 날마다 전투하듯이 힘들게 살아갑니다.

아무리 바빠도, 아무리 힘들어도 틈틈이 공수래공수거를 되새기면 '그래, 아무것도 가지고 갈 것이 없는데 내가 왜 이렇게 힘들게 살았지?' 하는 생각이 들면서 마음이 가벼워집니다. '숨 떨어지면 그만인데 내가 왜 이렇게 집착을 하지?' 하고 생각을 하면 삶이 편해집니다.

공수래공수거는 약 중의 약이요, 명약 중의 명약입니다. 불편한 마음을 편안하게 하는 약이요, 괴로운 마음을 치유해 주는 약입니다. 실패해서 마음이 우울할 때, 좌절감으로 슬퍼질 때, 삶이 괴롭고 힘들 때, 인생이 공수래공수거라는 것을 떠올리십시오.

알고 보니 서양에도 이와 유사한 풍습이 있었습니다. 라틴어 중에 '메멘토 모리 Menento mori'라는 말이 있습니다. 이 말은 '죽음을 기억하라' 또는 '너는 반드시 죽는다는 것을 기억하라'는 뜻입니다. 옛날 로마에서는 개선장군이 시가행진을 할 때 사람들이 이 말을 외쳤다고 합니다. '전쟁에서 승리했다고 너무 자만하지 말라. 오늘은 개선장군이지만, 당신도 언젠가는 죽으니 겸손하게 행동하라'는 의미에서 생겨난 풍습이라고 합니다.

# 모든 것은 꿈이다

모든 것은 꿈결같이 지나갑니다. 행복한 삶도 꿈이요, 고통스러운 삶도 꿈입니다. 부귀영화도 꿈이요, 권세와 인기도 꿈입니다. 그렇게 모든 것은 꿈속의 일들입니다. 그러니 집착할 것이 없습니다.

삶이 허망한 꿈인 줄 모르기 때문에 싸우고 욕심부리고 집착하게 됩니다. 삶이 뜬구름인 줄 모르기 때문에 남을 미워하고 괴로워합니다. 지금 심각하게 보이는 것도 시간이 한참 흐른 후에 보면 모두 사소한 일입니다. 아주 중요하다고 생각되는 것도, 도저히 포기할 수 없다고 생각하는 것도 나중에 보면 사소한 일이요, 허망한 꿈입니다. 그때는 모르지만 지나놓고 보면 모든 것이 허망한 꿈이었음을 알게 됩니다. 지금은 모르지만 세월이 흐른 후에는 그때 그러지 말았어야 했음을 알게 됩니다.

그래서 우리 조상들은 일찍이 인생이 꿈이라는 걸 알고 이런 노래를 불렀습니다. "꿈이로다. 꿈이로다. 모두가 다 꿈이로다. 너도 나도 꿈속이요, 이것도 저것도 꿈이로다. 꿈 깨이니 또 꿈이요, 깨인 꿈도 꿈이로다."

인생이 허망한 꿈이니 물처럼 살아야 합니다. 꿈같은 인생을 잘 살려면 물의 지혜를 배워야 합니다. 물은 다투지 않고 서두르지도 않습니다. 물은 흘러가다가 웅덩이를 만나면 다

차오를 때까지 기다립니다. 물은 길이 막히면 조급해하지 않고 돌아갑니다. 물은 자신을 고집하지 않습니다. 물은 항상 그릇에 자신을 맞춥니다. 네모난 그릇이든 둥근 그릇이든 거기에 자신을 맞춥니다.

## 행복은 어떻게 오는가?

사람들은 부족할 것이 없이 모든 것이 갖추어진 상태를 행복이라고 착각을 하고 살아갑니다. 하지만 모든 것을 갖추고 있어서 아무것도 부족하지 않다면 그 삶은 과연 행복할까요? 부잣집에서 태어나 부족한 것이 없이 사는 사람은 마냥 행복할까요? 그렇게 사는 사람은 편안할지는 몰라도, 쓴맛을 모르면 단맛의 깊이를 잘 모르듯이, 불행이 무엇인지 모르니 행복이 무엇인지도 모른 채 그저 그런 삶을 살게 될 것입니다.

행복은 그냥 오지 않습니다. 행복은 결핍감과 부족감에서 옵니다. 전세방에서 살다가 작은 집을 장만할 때 행복을 느끼듯이, 무엇인가 부족한 것이 채워질 때 우리는 행복을 느낍니다. 갈증을 느끼던 사람이 시원한 물을 마실 때 깊은 행복을 느끼듯이, 뭔가 모자란 상태에서 벗어날 때 행복을 느낍니다. 날씨가 추워 봐야 따뜻함이 좋은 줄 알고, 날씨가 더워 봐야 시원함이 좋은 줄 압니다.

큰 행복은 큰 고통과 불행 후에 찾아옵니다. 독감으로 몸이 많이 아파봐야 건강한 것이 최고의 행복임을 압니다. 죽음의 문턱까지 다녀온 사람은 사는 데 불평불만을 그칩니다. 단지 건강하게 살아서 움직인다는 것만으로도 감사하고 행복해합니다.

고난과 시련은 행복의 전령사입니다. 모든 것이 갖추어진 풍족함 속에서는 행복을 찾을 수 없습니다. 질병과 사고와 실패 등 불행과 고통을 맛본 후에야 진정한 행복이 무엇인지 깨닫게 됩니다. 따라서 고통과 시련은 더 깊은 깨달음과 행복을 주기 위해서 찾아온 손님입니다. 당신을 더 성장시키고, 당신에게 더 큰 행복을 주기 위한 선물입니다. 길게 보면 발전과 성장을 위한 자양분이요 큰 행복의 밑거름입니다.

그러니까 지금 당장 고통스럽다고 낙담하지 마십시오. 지금 사는 게 힘들고 괴롭다고 푸념하지 마시고, '이것이 내게 무슨 의미가 있는가?' 하고 물어보십시오. 고통과 시련은 반드시 큰 교훈을 남기고 떠납니다.


### 위태롭지 않은 삶


"하늘같이 되면 도를 터득하게 되고, 도를 터득하게 되면 죽을 때까지 위태롭지 않게 된다."《노자老子》제16장에 나오는 구절입니다.

인생은 항상 바람 앞의 촛불처럼 위태롭습니다. 세상은 수많은 사람들의 이해관계가 맞물려서 돌아가기 때문에 언제 무슨 일이 생길지 모르기 때문입니다. 하지만 노자는 도를 터득하면 죽을 때까지 위태롭지 않다고 말합니다. 대체 도가 뭐길래 그것을 알면 이 험난한 세상에서도 위태롭지 않다고 했을까요?

노자는 도를 도라고 말하는 순간 그것은 이미 도가 아니라고 했습니다. 그리고 도를 터득하려면 하늘같이 되라고 했습니다. 그가 말한 하늘은 고개를 들어 볼 수 있는 하늘이 아닙니다. 그가 말한 하늘은 곧 자연입니다. 물리적인 현상의 자연이 아니라 '스스로 그러한' 자연의 본성을 가리킨 것입니다. 우리가 살아오면서 잃어버린, 타고난 자연스러움을 회복하라는 가르침입니다.

도를 깨치기 위해서 애쓸 필요가 없습니다. 구름이 걷힌 하늘이 본래의 맑음을 드러내듯이, 마음을 텅 비워서 본래의 순수한 마음을 회복하면 저절로 도가 깨달아집니다. 욕망과 집착을 내려놓고 번뇌와 망상에서 벗어나는 데는 특별한 수행이 필요치 않습니다.

## 일상이 그대로 행복이다

　우리는 행복을 멀리서 찾으려는 습성이 있습니다. 현재에서 행복을 찾지 않고 미래에서 찾으려고 합니다. 많은 사람들이 '지금 여기'에서 벗어나면 행복하리라고 생각합니다. '졸업하면 행복하겠지', '결혼하면 행복하겠지', '퇴직하면 행복하겠지' 하며 행복을 미래에서 찾으려고 합니다.

　그러나 지금 이곳을 벗어난 다른 곳에서는 결코 행복을 찾을 수 없습니다. '지금 여기'를 벗어난 그 어디에도 행복은 존재하지 않습니다. 행복은 항상 현재에서만 찾을 수 있고, 바로 지금 내가 일상에서 경험하는 일들이 그대로 행복입니다.

　지금 내가 숨을 쉬고 있는 것, 지금 걷고 있는 것, 타인과 대화를 나누고 있는 것, 지금 하늘을 바라보고 있는 것, 지금 바람 소리를 듣고 있는 것, 지금 식사를 하고 있는 것, 지금 이 글을 읽고 있는 것, 지금 연인과 사랑을 나누고 있는 것, 지금 어린아이들의 노는 것을 지켜보고 있는 것….

　이렇게 내가 지금 오감으로 매 순간 경험하고 있는 것들이 진짜 행복이요, 내가 행복 속에 살고 있다는 증거입니다. 세상에는 보고 싶어도 보지 못하거나, 듣고 싶어도 듣지 못하거나, 말하고 싶어도 말하지 못하는 사람들도 있으니, 이보다 더 확실한 행복의 증거는 없고, 이보다 더 참된 진리도 없습니다.

누군가가 이렇게 말했습니다. "사람이 불행한 것은 자신이 얼마나 행복한지를 모르기 때문이다." 그렇습니다. 우리가 매 순간 일상에서 경험하고 있는 것들이 다 행복입니다. 다만 물고기가 물속에 살면서 물을 잊고 살듯이, 행복 속에 살면서 그 행복을 잊고 살고 있을 뿐입니다.

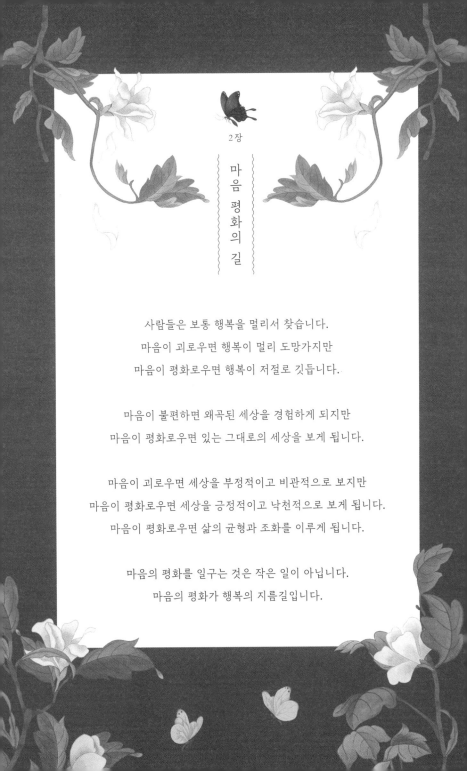

2장

마음
평화의
길

사람들은 보통 행복을 멀리서 찾습니다.
마음이 괴로우면 행복이 멀리 도망가지만
마음이 평화로우면 행복이 저절로 깃듭니다.

마음이 불편하면 왜곡된 세상을 경험하게 되지만
마음이 평화로우면 있는 그대로의 세상을 보게 됩니다.

마음이 괴로우면 세상을 부정적이고 비관적으로 보지만
마음이 평화로우면 세상을 긍정적이고 낙천적으로 보게 됩니다.
마음이 평화로우면 삶의 균형과 조화를 이루게 됩니다.

마음의 평화를 일구는 것은 작은 일이 아닙니다.
마음의 평화가 행복의 지름길입니다.

# 변화가 필요한 때

사는 게 재미가 없다고 하는 사람이 있습니다. 왜 사는 게 재미가 없을까요? 왜 사는 게 무료할까요? 사는 게 재미가 없는 것은 변화가 없기 때문입니다. 아무리 아름다운 꽃도 오래 보면 지겨워지고, 아무리 좋은 음악도 계속해서 들으면 싫증이 납니다.

싫증이 나는 것은 사람도 변화하는 존재이기 때문입니다. 세상 모든 것은 변화 속에 있고 사람도 변화가 필요하기 때문입니다. 세상의 모든 것은 잠시도 머물지 않고 시시각각 변해갑니다. 그래서 나 자신도 따라 변화되어야 합니다. 세상이 변한다고 따라서 변하기를 기다리지 말고 나 자신이 먼저 변해야 합니다.

변화하려면 도전해야 합니다. 두려워 말고 도전을 해야 새로운 세계를 만나고 새로운 사람을 만나게 되고 발전할 수 있습니다.

변화하려면 창조적인 활동을 해야 합니다. 가만있지 말고 무엇이든지 호기심을 가지고 늘 배우고 새로운 것을 익혀야 합니다.

변화는 성장을 의미합니다. 변화해야 성장합니다. 변화하지 않으면 성장할 수 없습니다. 그래서 성장하려면 변할 줄 알아야 합니다.

흐르지 않고 고인 물이 썩듯이 사람의 정신과 의식도 변화하지 않으면 정체되고, 정체되어 있으면 썩게 됩니다. 의식이 정체되어 있으면 퇴행적인 삶을 살게 됩니다. 자기 발전과 성장이 없으면 결국은 퇴보하게 됩니다.

변할 줄 알아야 생명력과 활력이 넘칩니다. 변해야 삶에 생동감이 있고, 사는 게 즐겁고 기쁩니다. 나비 애벌레는 허물을 벗고 번데기로 변했다가 나비로 변하여 하늘을 훨훨 날게 됩니다. 물속에서 스물여섯 번의 허물을 벗고서 비로소 하늘을 나는 하루살이처럼, 여러 차례 허물을 벗고 한철을 멋지게 사는 매미처럼, 변할 줄 알아야 멋진 인생을 살 수 있습니다.


## 어떻게 살아야 하는가?


산은 스스로 무심히 푸르고
구름은 스스로 무심히 희구나.
그 가운데 앉아 있는 한 사람 또한
무심한 나그네일세.


임진왜란 때 승병을 일으켜서 나라를 지켰던 서산대사西山大師의 시입니다. 그는 인생을 나그네라고 노래했습니다. 그렇습니다. 인생은 분명 나그네입니다. 우리는 잠깐 지구별에 여행을 나온 나그네입니다. 이 땅에서 천년만년 사는 게 아니라 잠깐 왔다가 홀연히 떠나가는 나그네입니다.

잠깐 다녀가는 나그네라는 것을 상기하면 마음이 가벼워집니다. 반면 그것을 망각하고 살아가면 인생이 괴롭고 힘이 듭니다. 나그네의 짐은 가볍습니다. 언제든 떠나야 하기 때문입니다. 우리 인생이 나그네와 같다는 것을 알면 삶의 무거운 짐을 지고 낑낑대지 않게 됩니다. 훌훌 벗어버리고 가볍게 살아갈 수 있습니다.

우리가 이 땅에 머무는 시간은 기껏해야 몇십 년에 불과합니다. 그나마 천수를 다할 때나 그렇고, 사고가 나거나 병이 들면 훨씬 수명이 줄어듭니다. 의학이 발달해서 아무리 장수를 한다 해도 100세를 살기가 어렵습니다. 설령 100세까지 산다 해도 그조차 그리 길지 않은 시간입니다. 100년 동안 살기도 어렵고, 죽은 후에 100년 동안 무덤을 지키기도 어렵습니다. 그러니까 도합 200년이면 우리의 삶은 흔적조차 없이 흩어지고 맙니다.

그러니 항상 비우고 내려놓고 살아야 합니다. 우리는 한 치 앞도 내다보지 못합니다. 단 1분이 아니라 몇 초 후도 어떻게 될지 모릅니다. 오늘 갑자기 세상을 떠나게 될지 아닐지는 아무도 모릅니다. 받아들이기 어렵겠지만, 이것은 어김없는 진실입니다.

언제든지 떠날 채비를 하고 가볍게 살아야 합니다. 비우고 내려놓으면 홀가분해집니다. 그렇게 홀가분해지면 현존할 수 있습니다. 과거에 집착하거나 미래를 걱정하지 않고 지금 이 순간을 불태울 수 있습니다. 온전히 자기 자신으로 살 수 있습니다. 매 순간 깨어 있을 수 있습니다.


## 자기방어 심리

나비는 이 꽃 저 꽃을 찾아 날아다닙니다. 우리도 나비처럼 사뿐사뿐 날아야 합니다. 한 번뿐인 인생을 그렇게 살아야 합니다. 경주하는 말처럼 살지 말고, 나비처럼 살아야 합니다. 나비가 날지 못하는 것은 날개가 손상되었기 때문이고, 사람이 나비처럼 날지 못하는 것은 자기 자신에게 묶여 있기 때문입니다.

여기에서 자기 자신이란 에고를 말합니다. 에고는 자아의 식이며, 다시 말하면 내가 나 자신이라고 믿고 있는 관념입니다. 우리는 무의식적으로 자신의 생각이나 자존심, 마음으로 설정해놓은 이미지 등을 나 자신이라고 믿고 살아갑니다. 그것을 아상我相이라고도 합니다. 자신도 모르게 그런 자아관념에 묶여 있기 때문에 사는 게 힘듭니다.

에고는 끝없는 자기만족을 추구합니다. 특히 칭찬받기를

좋아하고 비판받는 것을 싫어하며, 남이 인정해주고 알아주기를 바랍니다. '에고가 강한' 사람이라고 하면 별로 남의 시선에 신경 쓰지 않을 것 같지만 사실은 그 반대입니다. 자아관념에 강하게 묶여 있는 사람일수록 타인의 평가에 민감하게 반응합니다.

이것은 인본주의 심리학자 매슬로Maslow의 '욕구 이론'과도 일맥상통합니다. 그가 주장한 생리적인 욕구, 안전의 욕구, 사회적 욕구, 존중의 욕구, 자아실현의 욕구는 에고의 욕구들입니다. 그중에서도 오늘날의 우리에게 가장 강하게 작용하고 있는 것이 바로 '존중받고 싶은 욕구'입니다. 하지만 타인의 시선이나 평가로부터 자신을 방어하려 할수록 거기에 더욱 묶이게 될 뿐입니다. 오히려 방어하려고 애쓰지 않을 때, 그것들은 바람이 지나가듯 나를 통과해서 사라지고 맙니다. 남이 나를 어떻게 보든, 나에게 뭐라고 하든지 신경 쓸 필요가 없습니다. 내가 나라고 믿고 있는 그 '자아관념'에서 해방되십시오.

에고의 좁은 감옥에서 벗어날 때 큰 깨달음이 옵니다. 다름 아닌 나 자신으로부터 해방될 때 온전한 세상을 경험하게 됩니다. '나'가 빠져버린 세상은 있는 그대로 완전합니다. 나를 잊고 살면 평화롭습니다. 모든 번뇌와 갈등과 고통에서 벗어나게 됩니다. 모든 모순이, 모든 차별이 사라집니다.

매슬로는 이렇게 말합니다. "건강하게 있으라. 그러면 당신은 당신의 충동을 믿어도 좋다." 마음이 안정되어 건강한 상태에서는 마음속에서 일어나는 충동을 따라도 크게 문제될 것이 없습니다. 그 충동은 맹목적인 자기방어 심리에서 비롯된 것이 아니기 때문입니다.

## 의존하려는 마음

마음이 허약해질 때면 의존하려는 마음이 생깁니다. 다시 말하면 심리적인 안정이 깨질 때, 우리는 무언가 기댈 것을 찾게 됩니다. 그래서 술, 담배, 섹스, 오락, 게임에 의존하거나 폭식을 하게 됩니다. 심리적인 허기를 채우기 위해서입니다.

우리 마음은 기본적으로 안정을 추구합니다. 그래서 자신도 모르게 심리적인 허기를 채우는 방향으로 생각하고 행동하게 됩니다. 따라서 평소에 마음의 평화가 깨지지 않게 잘 단속하고 관리하는 게 중요합니다.

자신이 어떤 대상에 의존하고 있다면 무엇보다 자신의 마음을 살펴보아야 합니다. 자신을 원망하거나 학대하지 말고 '내가 마음이 허약한 상태로구나!' 하고 알아차린 후 스스로 위로해주고 보듬어주어야 합니다. 또한 주변에서 그런 사람을 보거든 손가락질하거나 비난하지 말고 '저 사람도 사는 게 힘이 드는구나!', '저 사람도 심리적 안정과 치료가 필요한 사람이구나!' 하고 이해해주어야 합니다.

마음이 평온하면 어디에 기대고 의존하려는 마음이 사라집니다. 명상을 습관화하여 마음을 잘 가꾸십시오. 자주 자신의 마음을 살피고 관찰하십시오. 그래야 마음에 끌려다니는 '노예'가 아니라 마음을 부리는 '주인'으로 살 수 있습니다.


## 화를 내는 나는 누구인가?

요즘 분노조절 장애로 인해 사고를 치는 사람들이 많이 있습니다. 화는 참아서도 안 되고 내서도 안 됩니다. 화를 억누르면 화병이 생기고, 화병은 나중에 우울증으로 발전합니다. 그렇다고 무턱대고 화를 낸다면 자신과 타인에게 돌이킬 수 없는 치명상을 입히게 됩니다. 화는 참거나 쏟아낼 것이 아니라 잘 다스려야 할 것입니다.

인간관계에서 마음이 상하고 화가 나는 이유는 '나'를 내세우기 때문입니다. 분노의 중심에는 항상 내가 있습니다. '네가 나를 무시해?', '네가 지금 나를 뭘로 알고?', '내가 누군지 알아?' 하는 생각에서 화가 나옵니다.

무시당했다고 생각하면서 화를 내는 '나'는 누구입니까? 자신을 알아주지 않는다고 화를 내는 '나'는 누구입니까? 나를 내세우는 '나'는 누구입니까? 그것은 '참나'가 아니라 '거짓 나'입니다. '거짓 나'는 생각이나 감정을 동반하면서 순간적으로 형성된 나요, '참나'는 안에서 그것을 조용히 지켜보는 나입니다.

이러한 알아차림을 지속적으로 훈련해가면 화가 극적으로 줄어듭니다. 어쩌다 화가 나더라도, 그 화와 자신이 자연스럽게 분리되면서 빨리 벗어나게 됩니다. 최근에 화를 낸 적이 있었다면, 화를 냈던 그 '나'는 누구인가부터 주의 깊게 살펴보시기 바랍니다.


## 천당과 지옥


세상은 내 마음의 투사요 반응입니다. 내 마음이 천당과 지옥을 만듭니다. 내 마음이 즐거우면 세상이 천당이요, 내 마음이 괴로우면 세상이 지옥입니다. 타인이 미운 것은 내 마음속에 미움이 있기 때문이고, 타인이 사랑스러워 보이는 것은 내 마음속에 사랑이 있기 때문입니다.

따라서 타인이 미울 때 그 미운 상대를 보지 말고 자신의 마음을 바라보아야 합니다. 대개 우리는 상대방 때문에 화가 났다고 생각합니다. 하지만 화가 난 것은 내 마음속에 화의 에너지가 쌓여 있기 때문이고 다만 상대방은 그것을 자극만 했을 뿐입니다.

어떤 사람이 스승을 찾아가서 이렇게 물었습니다. "천당과 지옥은 있습니까?"

그러자 스승은 느닷없이 제자의 뺨을 한 대 후려쳤습니다. 뺨을 맞은 제자는 벌컥 화를 내면서 이렇게 말했습니다. "그것 좀 물었다고 왜 제 뺨을 때리십니까?"

스승은 이렇게 대답했습니다. "그것이 바로 지옥이다. 이놈아."

제자는 깨달은 바가 있어 미소를 지었습니다. 그러자 스승은 또 이렇게 말했습니다. "그것이 바로 천국이다. 이놈아."

스승은 허무맹랑한 천당과 지옥을 찾지 말라고, 마음속에 천국과 지옥이 있다고 가르쳐준 것입니다.

예수도 이렇게 말했습니다. "천국이 여기 있다 저기 있다 말하지 말라. 네 마음속에 있느니라."

지혜로운 사람은 삶을 항상 천국으로 만들어 살고, 어리석은 사람은 지옥으로 만들어서 삽니다. 오늘 당신은 어디에 있습니까? 천국에 있습니까? 지옥에 있습니까?

욕망과 집착을 버리고 순간순간 깨어서 사는 사람은 마음이 평화롭고 즐거우니 천국에서 살고, 온갖 번뇌 망상 속에서 탐욕과 집착에 붙잡혀 있는 사람은 마음이 불편하고 괴로우니 지옥에서 삽니다.

# 사고의 유연성

우리는 저마다 삶의 무게를 지니고 살아갑니다. 많은 사람들이 그 삶의 무게를 감당하지 못해서 힘들어합니다. 그래서 표정이 무겁고 경직되어 있는 사람들이 많습니다.

삶의 무게란 다름 아닌 '형체가 없는' 마음의 짐입니다. 예를 들어, 수험생은 시험을 보고 난 뒤에 날아갈 듯 속이 후련해집니다. 공장장은 정해진 기한에 납품을 마치고 나면 발걸음이 가벼워집니다. 마음의 짐을 벗어버렸기 때문입니다. 마음의 짐은 심리적인 부담감이요, 중압감이며, 다른 말로 하면 스트레스입니다.

스트레스는 어떻게 생겨날까요? 그것은 자신에 대한 집착에서 시작됩니다. 그 집착은 어디에서 생겨날까요? 그것은 강박에서 생겨납니다. 그 강박은 어디에서 생겨날까요? 그것은 '반드시 이것은 해야 해'라는 융통성 없는 고정관념에서 생겨납니다.

항상 경직된 사고가 문제를 일으킵니다. 세상사는 이럴 수도 있고 저럴 수도 있습니다. 세상에 이것이 아니면 절대로 안 되는 일은 아무것도 없습니다. 이렇게 하다가 안 되면 저렇게도 해보고, 저렇게 하다가 안 되면 이렇게 또 해보면 됩니다. 그러한 사고의 유연성을 가질 때 우리는 강박과 스트레스에서 벗어나게 됩니다.

## 내가 없는 세상

　내가 없는 세상을 상상해본 적이 있습니까? 내가 빠져버리고 없는 세상, 내가 죽고 없는 적막한 세상, 내가 태어나기 이전의 고요한 세상…. 내가 없는 세상은 평화롭습니다. 내가 없으니 시비도 다툼도 없습니다. 내가 없으니 옳고 그름이 의미가 없고, 타인과 다툴 일도 없습니다. 내가 없으면 자존심 상할 일도, 잘났다고 뽐낼 일도 없습니다. 나를 내세우려 하기 때문에 시비와 다툼이 일어나고, 나에게 매여 있기 때문에 괴로움이 일어납니다.

　우리는 잠시 이 세상에 머물다가 떠나갑니다. 구름처럼 흐르다가 흔적도 없이 사라지고 맙니다. 몇십 년 전에 내가 이 세상에 없었듯이, 앞으로 얼마 후에도 나는 세상에 없을 것입니다. 내가 이 세상에 없는데 꽃이 피고 지는 게, 옳고 그름이, 돈이 많고 적고가, 지위가 높고 낮고가, 잘나고 못난 것이 다 무슨 상관입니까?

　이렇게 세상의 근심, 걱정과 시시비비는 '나'로부터 생겨납니다. 우리는 항상 자기 자신에게 붙잡혀서 괴로워합니다. '나'라는 자아관념에 매여서 괴로워합니다. 그래서 구도자들은 무아無我를 공부하고, 무심無心을 공부하고, 바보로 살려고 하고, 어린애처럼 되고자 하였습니다. 노자는 '도는 무심'이라 하고, 장자는 '나는 나를 잊었다'라고 하였습니다.

바보로 사는 사람은 큰 평화와 기쁨 속에서 살아갑니다. 나를 잊고 사는 사람은 깊은 평화와 희열을 느끼며 살 수 있습니다. 그런 사람만이 물 흐르듯이 걸림 없이 살 수 있고, 삶을 온전히 즐길 수 있습니다. 나에게 매여 있는 사람은 늘 번뇌 망상 속에서 고통을 받지만, 나로부터 벗어난 사람은 구름에 달 가듯이 유유자적하면서 일상에서 잔잔한 기쁨을 느낍니다.

## 몸에 대한 고착

살아가는 동안 우리의 육신은 아주 중요합니다. 몸이 없으면 우리의 삶도 영위될 수 없습니다. 몸에는 우리의 삶을 조종하는 영혼이 깃들어 있습니다. 우리는 눈을 통해서 보고, 귀를 통해서 소리를 듣고, 코를 통해서 냄새를 맡고, 혀를 통해서 맛을 보고, 입을 통해서 먹음으로써 생명을 이어갑니다. 우리는 몸의 종입니다. 그래서 몸이 시키는 대로 합니다. 배가 고프다고 하면 먹여주어야 하고, 목마르다고 하면 물을 마셔줘야 하고, 피곤하다고 하면 쉬거나 잠을 자야 하고, 아프다고 하면 치료를 해주어야 합니다.

하지만 엄밀하게 따져보면 몸은 내가 아닙니다. 내가 아무리 애지중지해도 몸은 내 뜻대로 따라주지 않습니다. 몸은 내 의지와 관계없이 변해갑니다. '몸이 아프지 않았으면 좋겠다'고 해도 아프고, '늙지 말라'고 해도 늙고, '죽기 싫어'라고 해도 죽음을 향해 갑니다. 그리하여 결국 목숨이 끊어지면 우리는 육신의 허물을 벗어버리고 이 세상을 떠나게 됩니다.

우리는 왜 그렇게 육신에 강하게 집착을 하는 걸까요? 그것은 에고 때문입니다. 몸에 대한 고착은 에고의 장난입니다. 에고는 몸을 '나'라고 믿습니다. 몸을 자신과 동일시하면서 온갖 장난을 쳐댑니다. 우리는 자신도 모르게 그렇게 몸에 고착되어 있기 때문에 고통을 받게 됩니다.

자신의 몸에 대해 고착되어 있으면 외모 때문에 속상하고 화나는 일이 많아집니다. 따라서 자신의 얼굴이나 육신 때문에 화가 나거나 우울하거나 좌절감을 느낄 때, '내가 지금 몸에 고착되어 있구나!', '내가 에고의 장난에 놀아나고 있구나!' 하고 알아차려야 합니다. 그렇게 알아차리면 자신을 지배하고 있는 부정적인 감정에서 쉽게 벗어날 수 있습니다. 먹구름이 걷히고 파란 하늘이 드러나듯이, 마음이 평정을 회복하고 삶이 가벼워집니다.

우리는 자연의 법칙에 따라서 일어나는 육신의 변화와 회피할 수 없는 생로병사의 길을 인정하고 받아들여야 합니다. 궁극적으로 몸은 내가 아닙니다. 살아 있는 동안에는 소중하지만, 언젠가 숨이 떨어지면 이 몸뚱이도 나를 버리고 떠나갑니다.

## 유혹에 넘어가지 않으려면

세상에는 우리를 현혹하는 것들이 너무도 많습니다. 돈벌이가 잘 되니 어디에 투자하라는 꼬드김에 넘어가 큰 실패를 겪거나 사기를 당하는가 하면, 밤늦은 유흥가에서는 취객을 상대로 미희들이 있다고 유인하여 고액의 술값을 뒤집어씌웁니다.

그뿐이 아닙니다. 개명을 해야 일이 잘 풀린다거나, 굿을 해야 액운을 막을 수 있다는 유혹도 있습니다. 부적을 써야 신수가 좋아진다고도 하고, 조상신을 잘 모셔야 일이 잘 풀린다고도 합니다. 혹은 헌금을 많이 내야 하나님의 보살핌을 받고, 시주를 많이 내야 부처님의 가피를 입게 된다고 하면서 접근해오기도 합니다.

어떤 유혹에도 쉽게 넘어가지 않는 사람이 있는가 하면, 하찮은 유혹에도 쉽게 넘어가는 사람이 있습니다. 남의 유혹에 쉽게 넘어가는 사람은 유혹을 당할 만한 취약한 마음 상태에 놓여 있는 경우가 대부분입니다.

첫째, 마음이 평온하지 않은 사람이 유혹에 잘 넘어갑니다. 마음이 평온하지 않은 사람, 즉 마음속에서 불만족을 느끼거나 욕구불만이 있는 사람은 쉽게 타인의 유혹에 넘어갑니다. 아무리 유혹해도 마음이 평온하고 불만이 없는 사람은 잘 넘어가지 않습니다.

둘째, 스트레스 상황에 빠져 있을 때 유혹에 넘어가기 쉽습니다. 스트레스를 받아서 마음이 답답하거나 무거울 때, 짜증이 난 상태이거나 우울할 때 유혹을 당하면 쉽게 휩쓸립니다. 그런 마음은 스트레스로부터 벗어날 수 있는 대상을 찾고 있기 때문입니다.

셋째, 마음이 허전하면 유혹에 넘어가기 쉽습니다. 어떤 부족감이나 결핍감, 정신적인 갈증, 심리적인 허기가 있을 때 우리는 마음이 허하다고 느끼고 유혹에 잘 넘어갑니다.

넷째, 재미없다고 느낄 때도 유혹에 넘어가기 쉽습니다. 사는 데 재미가 없다고 느끼는 것은 에고의 발악입니다. 그동안 바깥세상을 향해서 감각적인 즐거움을 쫓아다녔던 에고가 가만히 조용하게 살려니 재미가 없다고 투덜댑니다. 그런 에고와 자신을 동일시할 때 우리는 쉽게 유혹에 넘어갑니다.

마음가짐과 생활 태도는 변함없이 그대로인데 이름을 바꾼다고, 굿을 한다고, 부적을 쓴다고, 헌금과 시주를 낸다고 안 되던 일이 잘 될 리 없습니다. 성형으로 외모를 바꾸고 쇼핑으로 잠깐의 즐거움을 얻는다고 해서 궁극적인 행복이 찾아질 리 없습니다.

삶에서 가장 중요한 것은 마음가짐입니다. 마음이 허전하다고 느낄 때, 스트레스를 받을 때, 부족감이나 결핍감을 느낄 때, 조용히 눈을 감고 마음을 살펴보십시오. 자신이 무엇에 붙잡혀 있는지 살펴보십시오. 어떤 생각에 빠져 있으며,

어떤 감정의 지배를 받고 있는지 살펴보십시오. 그러고 난 후 몸속으로 들어오고 나가는 호흡을 조용히 지켜보며 충분히 안정을 취하십시오. 늘 깨어서 알아차리는 사람은 작은 것에도 만족하고 감사할 줄 알기 때문에 유혹에 빠지지 않습니다.


## 감정과 생각의 상호작용


가까이 지내는 지인 중 한 사람은 며칠째 가슴이 슬슬 아팠습니다. 그래서 병원에서 정밀진단을 받은 후 두려움과 걱정에 빠진 채 괴로워하였습니다. 왜 그러느냐고 물었더니, 자신이 틀림없이 암에 걸렸을 거라고 생각하고 있었습니다. 나는 "왜 걱정을 미리 사서 하느냐, 결과가 나온 후에 생각을 해도 늦지 않다"고 말했지만, 그는 도통 들으려 하지 않습니다. 그렇게 보름이 흐른 후에 다시 통화를 해보았더니, 그는 정밀검사 결과 아무 이상이 없었다며 언제 그랬냐는 듯 밝게 웃으면서 말을 하였습니다.

"한 생각 바꾸니 천당이 여기로구나"라는 말이 있습니다. 이렇게 천당과 지옥은 한 생각의 차이에 있습니다. 부정적인 생각에 빠져 있다가 긍정적인 생각으로 바꾸고 나면 금세 기분이 좋아지고 편안해집니다. 지옥에서 천당으로 옮겨간 것입니다.

우리는 늘 생각을 관찰해야 합니다. 생각은 사실이 아니라 허구입니다. 생각이 행복도 만들어내고 불행도 만들어냅니다. 천당도 만들어내고 지옥도 만들어냅니다. 생각을 관찰하지 않으면 우리 마음은 금방 흐트러지거나 혼탁해집니다.

우리는 감정도 관찰해야 합니다. 내 마음속에서 어떤 감정이 꿈틀대고 있는지를 살펴보아야 합니다. 감정과 생각은 서로 연결되어 있습니다. 생각은 감정을 일어나게 하고, 감정은 생각을 일어나게 하면서 평화로운 마음을 흔들어놓습니다.

수시로 일어나고 사라지는 생각과 감정을 알아차리고 관찰하면 통제할 수 있으나, 알아차리지 못하면 그것들에 압도당하고 맙니다. 생각과 감정을 알아차리는 데는 한 가지 중요한 요령이 있습니다. 부정적인 감정이 일어날 때는 자신이 무슨 생각을 하고 있는지 살펴보고, 부정적인 생각에 휩싸일 때는 자신에게 어떤 감정이 일어나고 있는지를 살펴보는 것이 좋습니다. 그 둘의 상호작용을 깨어서 지켜보는 사람은 격한 감정의 소용돌이에 빠지지 않고 평정심을 유지하면서 차분하게 살아갈 수 있습니다.


이만하면 됐네!


'이만하면 됐네'라는 마음을 가지고 살아가면 행복해집니다. 항상 작은 것으로 만족하고 감사하는 마음으로 살아야 합니다. 감사와 행복은 함수관계에 놓여 있기 때문에, 그런 자세로 살아가면 점점 행복해지는 자기 자신을 발견하게 됩니다. 남과 비교하면서 괴로워하지 말고 당당하게 자기 몫을 살아가면 족합니다.

대다수가 느끼는 불행감은 남과 비교하면서 생긴 상대적인 것입니다. 남은 재산이 많은데 자신은 돈이 없다고, 남은 지위가 높은데 자신은 지위가 낮다고, 남은 외모가 잘 생겼는데 자신은 못생겼다고, 남은 잘 나가는데 자신은 잘 나가지 못한다고 생각할 때 우리는 불행하다고 느낍니다.

자꾸 그런 생각이 들 때는 이렇게 해보십시오.

첫째, 우선 건강한 것에 감사합니다. 몸이 아파서 고통을 받거나 거동을 하지 못하면, 아무리 돈이 많아도 지위가 높아도 소용이 없습니다. 건강하면 무슨 일이든지 할 수 있습니다. 건강하면 무엇이든지 시도해볼 수 있습니다.

둘째, 세 들어 살든 자기 집이든 편히 쉴 집이 있고 굶지 않고 먹고 살 수 있음에 감사합니다. 요즘에는 의식주가 해결되는 것을 당연하게 여기지만, 몇십 년 전만 해도 굶고 사는 사람이 많았고 아직도 못사는 나라에서는 굶주림에 허덕이는 사람이 많이 있습니다.

셋째, 일할 수 있음에 감사합니다. 사람은 할 일이 없으면 금방 무료해지거나 정신적으로 피폐해지고 맙니다. 일을 해야 활력이 생기고 사는 재미가 있습니다.

넷째, 사랑하는 가족과 이웃이 있음에 감사합니다. 가족과 이웃은 나를 지켜주는 울타리와 같습니다. 사람은 궁극적으로 혼자 살 수 없는 동물입니다. 아무리 요즘에는 혼자 사는 사람들이 많다고 하지만, 진정 혼자만의 힘으로 사는 사람은 아무도 없습니다. 알고 보면 모두 타인의 은덕으로 삽니다.

이렇듯 감사하는 마음으로 살면 불평불만이 사라집니다. 매사를 긍정적으로 생각하고 낙천적으로 바라보게 됩니다. 감사하는 마음속에 평화가 깃듭니다. 이것 외에 다른 행복이 있지 않습니다.


## 불편한 인간관계에서 벗어나는 길


우리는 보통 화가 나거나 타인이 미워지면 세상을 탓하거나 '너 때문이야'라고 하면서 상대방에게 책임을 전가합니다. 하지만 자세하게 관찰해보면 책임이 타인에게 있는 것이 아니라 자기 자신에게 있음을 알 수 있습니다.

타인이 싫거나 미운 이유는 다름 아닌 내 마음속에 나만의 잣대를 가지고 살기 때문입니다. '이건 이래야 해'라는 마음속의 기준을 가지고 있기 때문입니다. '내 아이는 공부를 잘해야 해', '내 아이는 말을 잘 들어야 해', '내 남편은 돈을 잘

벌어야 해', '내 아내는 고분고분해야 해' 같은 생각들이 그 것입니다.

그래서 가족이나 친구 혹은 동료에게 '이건 이래야 하는 서 아니야?' 하면서 시비를 하거나 화를 내게 되거나, 타인과 사사건건 다투게 됩니다. 상대방이 자신의 생각과 다른 말을 하거나 자신의 신념과 다른 주장을 하면 분노가 일어나고 적 개심을 품게 됩니다.

그럴 때마다 상대방을 탓하지 말고 자기 자신을 먼저 돌 아보아야 합니다. 그렇게 타인과 의견이 달라서 화가 나거 나 원망스러워질 때, 자기 자신을 향해서 이렇게 속삭여봅니 다. "내가 마음속에 '이건 이래야 해'라는 기준을 가지고 있 구나!" "내가 지금 상대방에게 책임을 전가하고 있구나!"

그렇게 자주 연습을 하다 보면, 마음속에서 분노와 미움과 원망이 사라지면서 일상이 편안해집니다. 타인과 시시비비 에 쉽게 휘말리거나 다투지 않게 됩니다. 불편한 인간관계가 해결되어 조화로운 삶을 살게 됩니다. 가정에서도 직장에서 도 마음의 평화가 깨지지 않게 됩니다.


건강하게 오래 살 수 있는 길


《장자》라는 책에 이런 구절이 나옵니다. 어느 날 황제가 높은 도를 깨쳤다고 전해지는 광성자廣成子라는 사람에게 찾아가서 "어떻게 해야 건강하게 오래 살 수 있습니까?" 하고 물었습니다.

그러자 광성자가 황제에게 이렇게 말했습니다. "조용하게 사십시오. 마음을 걱정으로 채워서 괴롭히지 마세요. 잡생각에 빠져서 살지도 마세요. 하루에도 여러 번 마음이 갈팡질팡하고 자주 바뀌면 마음이 지쳐서 오래 살 수 없습니다. 몸도 그렇게 함부로 마구 굴리고 혹사하지 마세요. … 마음을 고요한 호수처럼 유지하세요. 그렇게 자주 화를 내고 기뻐하고 슬퍼하면서 어찌 오래 살기를 바라십니까? 그렇게 갖고 싶은 것이 많아서 욕심을 부리고 더 가지려고 머리를 쥐어짜면서 어떻게 건강하게 오래 살기를 바라십니까?"

몇천 년 전이나 지금이나 몸과 마음을 평화롭게 유지하는 것이 건강하게 오래 살 수 있는 비결이라는 사실은 변함이 없습니다. 오늘날은 옛날과 비교하면 물질적으로 훨씬 풍족해지고 의학이 발달하여 수명이 길어졌지만, 자살률이 높고 음주 비율이 높은 것은 그만큼 스트레스를 많이 받고 마음의 병을 앓는 사람들이 많이 있다는 증거입니다.

광성자가 황제에게 말했던 건강과 장수의 비결을 정리해보면 다음과 같습니다.

첫째, 걱정이 없어야 합니다. 마음속에 걱정이 있으면 없는 병도 생깁니다. 걱정이 있으면 스트레스를 받고 우울해짐니다.

둘째, 잡생각에 시달리지 말아야 합니다. 우리가 하는 생각의 90퍼센트가 사는 데 도움이 안 되는 것들입니다. 우리는 생각 속에 빠져 지난 일에 집착하고, 아직 오지 않은 미래를 걱정하면서 살아갑니다.

셋째, 마음속에 갈등이 없어야 합니다. 갈등이 있으면 마음의 평화가 무너지고 삶의 균형과 조화가 깨집니다. 마음속에 갈등과 혼란이 있을 때 괴로움에 빠져듭니다.

넷째, 화를 내지 말아야 합니다. 화를 내게 되면 심장과 뇌에 치명적인 악영향을 미치게 되고 사망률이 높아집니다. 화를 억지로 참아서도, 자주 내서도 안 됩니다. 화는 명상을 통해서 다스려야 합니다.

다섯째, 슬픔에 빠지지 말아야 합니다. 우울증은 슬픔을 동반합니다. 마음이 슬프고 우울하면 신체기능이 떨어져서 무기력해지고 건강이 서서히 손상되어 갑니다.

현대인의 질병의 80퍼센트는 마음에서 비롯된다고 합니다. 평화로운 마음으로 살아야 건강을 지킬 수 있고 오래 살수 있습니다. 건강을 위해서도 명상이 필요합니다. 명상은 마음을 다스리는 기술이며, 마음의 병을 치유하는 방편입니다.

# 내면의 고요

우리의 내면 깊숙이 세상 어떤 것에도 영향을 받지 않는, 잔잔한 호수와도 같은 고요함이 있습니다. 우리는 다시 그 고요함을 회복해야 합니다. 내면의 고요를 잃어버리면 스트레스가 쌓이고 쉽게 지치고 맙니다.

하루에 한 번은 눈을 감고 내면세계로 들어가는 게 좋습니다. 시간을 내서 나 자신과 마주하는 시간을 가져보세요. 눈을 감고 가만히 있으면 마음이 잔잔해지면서 나를 읽을 수 있습니다. 내가 지금 어떻게 살고 있는지가 또렷이 보입니다.

먼저 가만히 바닥이나 의자에 앉아서 눈을 감습니다. 허리를 곧게 펴고 몸에 집중합니다. 의도적으로 모든 생각을 멈추고 그냥 몸에 집중해보세요. 그렇게 무심하게 앉아 있다 보면 내 몸과 마음의 상태를 읽을 수 있습니다. 지친 몸의 피로가 풀리고 산란한 마음이 안정을 되찾게 됩니다.

어느 정도 마음이 안정이 되면 배에 집중하고 숨을 마시고 내쉽니다. 마시고 내쉬는 숨에 따라 움직이는 배를 주시합니다. 그렇게 한동안 호흡에 집중하다 보면 몸과 마음이 더욱 이완되고 평온해지며, 점점 더 깊은 고요함에 젖게 됩니다.

훈련이 되지 않은 사람은 처음에 어렵게 느낄 수 있습니다. 그래도 30분 이상 꾸준히 시도해보세요. 어느 정도 훈련이 되고 나면, 10분이면 내면 깊숙한 곳에 도달하여 고요함의 세계에 도달할 수 있습니다.

누구나 내면 깊숙이에 있는 기쁨을 경험할 수 있습니다. 마음이 고요해지면 기쁨이 무지개처럼 피어오릅니다. 세상 어디에서도 맛볼 수 없는 희열입니다. 마음이 고요해져서 설로 기쁨이 피어오르는 이유는, 바로 내면 깊숙이 있는 참된 자아와 만나기 때문입니다.

이렇게 세상 속에서 느낄 수 없는 참된 기쁨을 내면에서 찾고 나면, 욕구불만을 해소하려고 밖에서 헛된 욕망과 쾌락을 좇아 헤매지 않게 됩니다. 마음속에 있는 불안함과 외로움, 허전함이 사라집니다. 어떤 예상치 못한 위급한 상황에 처하게 되어도 놀라 당황하거나 두려움에 빠지지 않고 차분하게 대응할 수 있게 됩니다.

이러한 내면을 들여다보는 공부는 아무에게도 방해받지 않는 시간에 혼자서 하는 게 좋습니다. 가장 좋은 시간은 잠자리에 들기 전입니다. 명상을 하고 잠자리에 들면 스트레스가 해소되어 숙면을 취할 수 있습니다.


## 당신을 괴롭힌 사람은 당신의 스승이다


혹시 지금 어떤 사람 때문에 힘이 들거나, 괴롭힘을 당하고 있어서 그 사람을 미워하고 원망하고 있다면 어떻게 마음을 다스려야 할까요? 우선 상대방에게 향해 있는 화살을 거두고 먼저 당신의 내면을 살펴보는 것이 좋습니다. 상대방에게 초점을 맞추지 말고 먼저 당신의 마음에 초점을 맞추어보세요. 당신의 마음 안에서 해법을 찾아야 합니다.

대부분의 사람들은 어린아이들을 보면 사랑을 느낍니다. 우리는 원래 아이들이 귀엽고 예쁘기 때문이라고 생각합니다. 하지만 그들이 사랑스럽게 보이는 것은, 당신의 마음속에 사랑이 있기 때문입니다. 화가 잔뜩 났거나 마음이 괴로운 사람은 어린아이들을 보아도 사랑스럽다고 느끼지 못합니다.

우리는 마음속에 있는 미움을 상대방에게 투사해놓고 '그 사람이 밉다'고 합니다. 마음속의 싫어하는 마음을 상대방에게 투사해놓고 '그 사람이 싫다'고 합니다. 무서워하는 마음을 상대방에게 덧씌워놓고 '그 사람이 무섭다'고 말합니다.

이처럼 세상은 내 마음의 투사요 반영입니다. "달을 보면 슬프다"고 말하는 사람이 있습니다. 내 마음이 슬프기 때문에 달이 슬퍼 보입니다. 달은 슬프지도 즐겁지도 않은 중립입니다. 마찬가지로, 당신이 싫어하고 미워하고 원망하는 그 사람 자체는 밉지도 보기 싫지도 않은 중립입니다. 당신의 마음속에서 먼저 미움이 사라지면, 상대방에 대한 미움도 당연히 사라집니다. 당신의 마음속에서 원망이 사라지면, 상대방에 대한 원망도 자연스럽게 사라집니다.

당신을 힘들게 하는 사람이나 당신을 괴롭게 하는 사람은 당신의 스승입니다. 그는 당신의 마음속에 분노와 불안과 원망과 미움이 있다는 것을 가르쳐주고, 그것을 정화할 수 있는 기회를 주기 위해서 나타난 것입니다. 그 사람으로 인해 당신이 어떻게 살고 있는지 돌아보게 합니다. 그 사람으로 인해 당신의 마음뿐만 아니라 당신의 삶을 총체적으로 다시 들여다보게 됩니다.

그래서 누군가를 미워하거나 원망하기 전에 내 마음부터 들여다보아야 합니다. 당신의 마음을 바로 알면 상대방에 대한 당신의 생각도 달라지게 됩니다. 타인을 미워하거나 원망하는 마음에서 벗어나 당신은 정신적으로 성숙하게 됩니다. 당신이 평화로워야 세상도 평화롭습니다. 세상의 평화는 항상 나로부터 시작됩니다.


## 마음을 먼저 고치라


어린아이는 아직 오염되지 않은 순수한 눈을 가지고 있습니다. 그래서 세상을 있는 그대로 바라봅니다. '잘났다 못났다'고 판단하거나 '옳다 그르다'고 분별하지 않습니다. 우리도 처음에는 어린아이의 눈을 가지고 있었습니다. 하지만 그동안 가정과 학교와 사회에서 세뇌당하고 학습되면서 고정관념을 갖게 되었습니다.

고정관념을 가지고 살면 마음의 평화가 깨지기 쉽습니다. 마음속에서 늘 시시비비가 일어나기 때문입니다. 우리는 어떤 대상을 놓고 쉴 새 없이 판단하고 분석하고 평가합니다. 그런 마음에 평화가 깃들 수 없습니다. 마음의 균형과 조화가 유지될 수 없습니다. 고정관념은 편견을 만들어냅니다. 사람과 세상을 색안경을 끼고 바라보게 합니다.

이런 편협한 사고는 사고의 확장성을 막아서 자기 성장과 발전을 가로막는 장애물이 되기 쉽습니다. 온갖 차별과 시비를 만들어내고 다툼을 일으켜 원만한 인간관계를 맺기 어렵게 합니다. 세상사란 이럴 수도 있고 저럴 수도 있는 것입니다. 절대적으로 옳은 것과 절대적으로 그른 것은 없습니다. 자신의 입장과 처지에 따라서 다르게 보일 뿐입니다.

예를 들면, 보행자와 운전자의 입장과 같습니다. 보행자일 때는 보행 신호가 늦게 바뀐다고 생각하고, 운전자일 때는 차량 신호가 늦게 바뀐다고 생각합니다. 누군가에 대해서 또는 이 세상에 대해서 어떤 저항감이나 분노가 느껴질 때, 가만히 눈을 감고 자신의 마음을 들여다보세요. 그리고 이렇게 알아차리십시오. '내가 지금 마음의 잣대를 가지고 있구나!' '내가 고정관념에 빠져 있구나!' 그리고 거기에서 벗어나십시오.

조선조 말기에 죽어가는 선풍禪風을 다시 살려내고 간

경허鏡虛 스님은 이렇게 읊었습니다.


누가 옳고 누가 그른가.

모두가 꿈속의 일인 것을.

저 강을 건너가면

누가 너이고 누가 나인가.

누구나 한 번은 저 강을 건너야 한다.

나 또한 다를 바 없어

곧 바람 멎고 불 꺼지리라.

꿈속의 한평생을 성내고 탐내면서

너다 나다 하는구나.



## 구도자의 삶


세상 사람들은 돈, 명예, 권력, 쾌락을 좇고 소유 지향적인
삶을 삽니다. 하지만 참된 구도자는 돈, 명예, 권력, 쾌락이
아니라 평온과 진리를 좇으며 존재 지향적인 삶을 삽니다.
세상 사람들은 채워서 행복을 얻으려고 하지만, 구도자는 비
움을 통해서 행복에 이릅니다.

세인들은 외적인 삶을 살지만, 구도자는 내적인 삶에 충실
합니다. 세인들은 육체적이고 물질적인 삶에 치중되어 있지

만, 구도자는 정신적이고 영적인 삶을 중요시합니다.

　세인들은 우물 안의 개구리처럼 좁은 세계에 갇혀서 살아가지만, 구도자는 시공을 초월한 넓은 세계를 살아갑니다. 세인들은 자신만을 위한 이기적인 삶을 살지만, 구도자는 자신과 타인을 동시에 위하는 자리이타自利利他의 삶을 삽니다.

　세인들은 불나방처럼 정신없이 살지만, 구도자는 사뿐사뿐 나비처럼 삽니다. 세인들의 삶은 복잡하지만, 구도자의 삶은 단순합니다. 세인들은 항상 더 많이 차지하려고 안달을 하지만, 구도자는 작은 것에 만족하면서 넉넉한 마음으로 삽니다.

　세인들은 한사코 자신을 내세우려 하지만, 구도자는 자신을 내세우려고 하지 않습니다. 세인들은 자신을 높이려고 하지만, 구도자는 자신을 낮추려고 합니다. 세인들은 근심 걱정 속에서 살지만, 구도자는 평온함과 기쁨 속에서 삽니다. 세인들은 방황하지만, 구도자는 평정심을 잃지 않습니다.

　세상 사람들의 삶과 구도자의 삶의 방식이 왜 이렇게 다를까요? 세인들은 욕망과 쾌락의 달콤함에 빠져 있지만, 구도자는 그것이 무상하고 허망한 것임을 알기 때문입니다. 세인들은 그것이 행복을 위한 길이라고 믿지만, 구도자는 그것이 진정한 행복 대신 더 큰 고통을 가져다준다는 것을 알기 때문입니다.

# 소유와 번뇌

하나를 갖게 되면 열 가지 번뇌가 따라붙습니다. 별장과 애인과 요트는 처음 가질 때만 좋지 조금만 지나면 골치 아프다는 우스갯소리가 있습니다. 많이 가질수록 그만큼 신경 쓸 일도 많아지고 관리하기도 힘들다는 것은 너무나 당연한 사실입니다.

많이 소유하면 삶이 고달프지만, 적게 소유하면 삶이 가볍고 자유로워집니다. 붓다, 디오게네스, 예수, 장자, 성철 스님, 법정 스님 등 깨달은 사람들이 늘 가난하게 무소유를 실천하면서 살았던 이유입니다.

또한 소유욕은 사람을 천박하게 만듭니다. 소유욕은 이기심을 부추기고 지배욕을 불러옵니다. 불가에서 말하는 탐진치貪瞋痴 삼독심三毒心은 소유욕에서 비롯됩니다. 소유욕에서 벗어나지 못한 사람은 깨달음에 이를 수 없습니다. 큰 깨달음은 소유의 끈을 완전히 놓아버릴 때 찾아오는 귀중한 선물이기 때문입니다.

소유욕에서 벗어날 때 번뇌와 망상으로부터 자유로워지고, 바람처럼 구름처럼 걸림 없이 살아가게 됩니다. 소유욕은 내적인 빈곤감과 결핍감을 불러와서 늘 나 자신을 불행하게 만듭니다.

소유욕 때문에 마음속에서 갈등이 생기거나 혼란스러울

때, 지그시 눈을 감고 그 마음을 관찰해보십시오. '이 마음이 어디에서 비롯된 것인가?' 하고 묻고 살펴보십시오. 그리고 하루나 이틀이 지난 뒤에도 그 마음이 그대로 남아 있는지를 살펴보십시오. 그 마음이 어느새 사라졌거나 크게 약화되어 있음을 발견하게 될 것입니다.

이렇듯 우리의 마음은 변화무쌍한 것입니다. 한순간 소유욕에 지배당하거나 흔들리더라도, 재빨리 알아차리고 함부로 행동하지 마십시오. 한 걸음 떨어져서 그 마음이 어떻게 변화해가는지를 살펴보십시오. 그렇게 마음을 꾸준히 관찰해가면, 허망하고 무상한 욕망에 끌려다니지 않고 평화로움을 유지할 수 있습니다.


## 모든 생명의 근본은 같다


《장자》〈제물론<sup>齊物論</sup>〉편에 이런 구절이 있습니다. "천지가 나와 함께 살아가고 만물이 나와 하나가 되었다. 모든 것이 원래 하나인데 달리 무엇을 더 말하겠느냐?"

노자는 만물이 근원에서 나와서 다시 근원으로 돌아간다고 말합니다.《노자》제16장에는 이런 구절이 있습니다. "만물은 다 같이 생겨나고 있지만, 우리는 모두가 그 근원으로 되돌아가는 것을 보고 있다. 만물이 번성하고 있지만, 제각기 그 근원으로 되돌아간다."

신유학新儒學을 이끌었던 주자朱子는 자신과 천지만물의 근본이 같다고 말합니다. "대개 천지만물은 근본이 나와 일체이니, 나의 마음이 바르면 천지의 마음도 바르고, 나의 기운이 순하면 천지의 기운도 순하다."

《주역周易》은 천지만물이 초월자에 의한 창조물이 아니라, 무한한 생명 창조의 과정으로서 스스로 생성 변화해가는 유기적인 생명체로 봅니다. 《주역》은 만물의 생성과 소멸을 율려律呂작용으로 설명합니다. 천지에 가득한 음양의 교감을 통해서 생성과 변화가 끝없이 이루어진다는 것입니다. 오늘날의 표현으로 풀이하자면, 유기체적 우주가 끊임없는 창조 활동을 통해 스스로 자기를 조직해간다는 뜻입니다.

중국의 양명학陽明學을 이끌었던 왕수인王守仁은 우주를 끊임없이 생명작용을 하는 과정으로 파악하였습니다. 그는 "사람이란 천지의 마음으로, 천지만물은 본래 나와 한 몸이다"라고 하면서 '천지만물일체설'을 피력했습니다.

불가佛家에서는 천지만물이 상호의존적인 관계에 있다는 연기설을 말하며, 일찍이 '천지는 나의 뿌리요 만물은 한 몸'이라고 가르쳐왔습니다.

이처럼 우주만물은 서로 연결되어 있는 유기체입니다. 어떤 존재도 홀로 존재할 수 없습니다. 본래가 하나인 자리로부터 인연에 따라 다양한 모습을 띤 여러 존재들이 나왔습니다. 너와 나 그리고 모든 존재는 잠시 서로 다른 모습으로 현현해 있을 뿐, 하나의 근원에서 나온 하나의 생명입니다.

사람이 스스로 불행하다고 느끼고 방황하는 것은 자신의 정체성을 제대로 확립하지 못했기 때문입니다. 하지만 우주자연이 내 근원이요 우주만물이 나와 한 몸임을 깨닫고 나면 삶에 큰 변화가 일어납니다. 세계관이 바뀌면 인생관과 가치관이 바뀌고, 삶의 질이 극적으로 달라집니다.

첫째, 삶에 대한 불안감이 사라지고 죽음에 대한 두려움이 약해집니다.

둘째, 어떤 상황에서도 평정심을 유지하게 됩니다.

셋째, 모든 것에서 감사와 기쁨과 만족을 느끼게 됩니다.

넷째, 타인이나 세상에 해가 되는 일을 하지 못하게 됩니다.

다섯째, 타인이나 다른 생명을 차별하거나 박해하지 못하게 됩니다.


더 좋은 일이 생기려고


인생은 기나긴 여행입니다. 따라서 항상 크게, 멀리 내다보고 살아야 합니다. 때로는 비바람이 거세게 부는 궂은날도 있지만, 하늘에서 눈부신 햇살이 내리쬐는 맑은 날이 훨씬 더 많기 때문입니다.

당장은 심각해 보이는 일들도 한참 지나놓고 보면 별거 아니었음을 깨닫게 되는 것이 인생입니다. 그러나 한 치 앞도 내다보지 못하고 사고를 치는 사람들이 적지 않습니다. 애인이 헤어지자고 했다고 데이트 폭력을 행사하거나, 시험에 떨어졌다고 극단적인 선택을 하기도 합니다. 부디 무슨 일이든지 조급하게 생각하지 마십시오. 시간의 힘을 믿으십시오.

마음의 안정과 여유를 찾았다면, 한 발 더 나아가서 매사를 좋은 방향으로 해석하는 습관을 들여야 합니다. 예를 들어서 애인과 헤어졌다면 '더 좋은 사람 만나려고 그러는구나', 시험에 떨어졌다면 '더 좋은 데 들어가려고 그러겠지' 하고 털어버리십시오. 사업에 실패했다면 '나중에 더 큰 성공을 하려고 그럴 거야', 몸이 아프다면 '일찍 문제를 발견하여 앞으로 더 건강해지려고 그럴 거야' 하고 가볍게 넘기십시오.

《주역》에 '물극필반物極必反'이란 구절이 있습니다. '극에 달하면 반전이 된다'는 뜻입니다. 일이 잘 안 풀린다고 낙담하지 마십시오. 뜻대로 안 된다고 답답해하지 마십시오. 아직 때가 되지 않았기 때문입니다. 아직 끝까지 가지 않아서입니다. 아직 무르익지 않았기 때문입니다.

때가 되고 무르익으면, 즉 갈 데까지 가면, 반전이 되어 변화가 일어나면서 해결됩니다. 무르익어야 반전이 시작됩니다. 갈 데까지 가야 반전이 되는 것이 자연의 법칙이요, 우리 인생사입니다.

아무리 무더위가 빨리 물러가기를 기도해도 그 무더위는 꿈쩍하지 않지만, 절기가 바뀌어 입추가 되고 말복이 지나면 저절로 반전이 시작됩니다. 아무리 과일이 익어서 빨리 떨어지기를 기다려도 충분히 무르익어야 떨어집니다. 일이 안 풀리고 답답하여 막막해 보여도 어느 순간 변화가 찾아오기 마련입니다.

그리하여 오늘의 실패는 더 큰 성공의 밑거름이 됩니다. 오늘의 아픔은 더 큰 행복의 디딤돌이 됩니다. 시련을 통해서 단련이 되고, 고통을 감내하면서 안으로 영글어갑니다. 그런 과정을 거치지 않고 성공하기 어렵습니다.

긍정적인 생각을 하는 사람은 실패를 성공의 밑거름으로 삼고 아픔을 행복의 디딤돌로 쓰지만, 부정적인 생각을 하는 사람은 그 자리에서 벗어나기 어렵습니다. 긍정적으로 생각하면 우울한 기분에서 벗어나고 자신감이 생깁니다. 다시 시작할 수 있는 용기가 솟습니다. 좋은 쪽으로 생각하면 정말 좋은 일이 생깁니다.


## 행복의 시작

우리는 평소에 자신에게 주어진 것을 당연하게 여기면서 살아가다가, 그것을 잃어버린 후에야 그 소중함을 깨닫곤 합니다. 건강을 잃은 후에야 건강의 소중함을 알고, 좋은 사람을 잃고서야 그의 소중함을 알고, 젊음을 잃고서야 젊음의 소중함을 압니다.

가장 소중한 것은 지금 내가 당연하다고 생각하는 것들 속에 있습니다. 지금 누리고 있는 행복도 어느 한순간 날아갈 수 있고, 지금 누리고 있는 건강도 언제든 무너질 수 있고, 지금 함께 사는 소중한 사람도 언제든 내 곁을 떠날 수 있고, 지금 가지고 있는 재산도 언제든 사라질 수 있습니다. 그래서 현재 내가 누리고 있는 것들에 더욱 감사해야 합니다.

차분하게 눈을 감고 내 삶을 지탱해주는 모든 것들을 떠올리면서 감사함을 느껴봅니다. 내가 지금 살아 있음에 감사하고, 굶지 않고 먹을 수 있음에 감사하고, 때에 맞추어 입을 수 있는 옷이 있음에 감사하고, 잠자고 쉴 수 있는 집이 있음에 감사함을 느껴봅니다.

나와 함께 살아주는 가족에게 감사하고, 내가 일할 수 있는 일터에 감사하고, 나와 함께 일하는 사람들에게 감사하고, 지금의 내 삶을 지지해주는 수많은 이웃들과 나를 지켜주는 국가, 더 넓게는 세상의 모든 사람들에게 감사함을 느껴봅니다.

내 주변에 있는 꽃과 풀과 나무에게 감사하고, 나비, 벌, 새, 개, 고양이, 소, 돼지 등 모든 동물들에게 감사하고, 내가 살고 있는 지구와 해와 달과 수많은 별들에게 감사함을 느껴봅니다.

행복의 시작은 감사하는 마음으로부터 시작합니다. 늘 감사하는 마음으로 살아가면 불평불만이 없어지고 자연스럽게 행복해집니다. 감사하면 행복하고, 행복하면 감사하게 됩니다.


## 성패의 원인과 책임


일의 성패의 원인과 책임은 모두 자신에게 있습니다. 자신이 원인 제공자이므로 그 책임도 자신이 져야 합니다. 그러나 사람들은 대개 성공은 자신의 덕으로 돌리고, 실패는 타인이나 환경의 탓으로 돌립니다.

진정으로 성공한 사람은 실패의 원인과 책임을 모두 자신에게서 찾습니다. 자신의 노력 부족이나 잘못된 판단으로 실패하고서도 타인이나 조건을 탓하는 사람은 다시 일어서기 힘듭니다. 실패를 교훈으로 삼는 사람은 이미 성공에 한 걸음 더 다가가 있습니다. 왜 자신이 실패했는지 꼼꼼하게 따져보고 그로부터 배운 사람에게는 반드시 성공할 날이 옵니다.

우리가 어떤 일에서 실패하는 가장 큰 이유는 정성이 부족하기 때문입니다. 대부분은 능력보다는 정성이 부족해서 실패합니다. "미치지 않으면 미치지 못한다"는 말이 있듯이, 주어진 일에 정성을 다하고 최선을 다하는 사람이 결국 성공합니다.

《중용》제23장은 매사에 지극정성을 다해야 하는 이유를 잘 설명해주고 있습니다. "그다음은 한쪽을 지극히 함이니, 지극히 하면 능히 성실할 수 있다. 성실하면 나타나고, 나타나면 더욱 드러나고, 더욱 드러나면 밝아지고, 밝아지면 감동시킨다. 감동시키면 변變하고, 변하면 화化할 수 있으니, 오직 천하에 지극히 성실한 사람이어야 능히 화할 수 있다."

사람은 그 본성이 같으므로 저마다의 기질과 능력도 크게 차이가 나지 않습니다. 그래서 정성에 따라서 성패가 갈립니다. 옛날부터 '지성이면 감천'이라 했습니다. 자신이 의미와 가치가 있다고 생각하는 일에 정성을 다하는 사람만이 그 자신은 물론이고 타인과 세상까지 변하게 할 수 있습니다.

그 방법은 결코 어려운 것이 아닙니다. 사소하게 보이는 작은 일에도 최선을 다하면 됩니다. 정성을 다하면 겉으로 배어 나오고, 겉에 배어 나오면 자연스럽게 드러나고, 겉으로 드러나면 이내 밝아져서 세상에 알려집니다. 그렇게 밝아져서 알려지면 남을 감동시키게 되고, 남을 감동시키게 되면 이내 자신도 변하게 되어 밝고 새로운 세상이 열립니다.


## 마음공부의 필요성


마음공부란 자신을 바꾸고 자신의 삶을 혁명하는 공부입

니다. 자신의 사고방식과 신념의 체계를 수리하는 공부요, 관념과 에고의 지배를 벗어나 진정한 나로 살게 하는 공부입니다. 지식으로 하는 공부로는 자신의 삶을 환골탈태 수준으로 변화시킬 수가 없습니다.

그런데도 대개의 사람들은 마음공부를 소홀히 하고 지식을 습득하는 공부에만 매달립니다. 지식공부와 마음공부는 다릅니다. 지식공부란 머리와 책을 통해 지식을 습득하는 공부요, 마음공부란 자신의 정신세계를 정화하고 영성을 깨우는 공부입니다. 그래서 일찍이 노자는 "배움의 길은 쌓아가는 것이요, 진리의 길은 버리는 것이다"라고 하였습니다.

아무리 나이와 학식이 많고 사회적 지위가 높고 재물이 많은 사람도 마음공부를 하지 않으면 정신적, 영적으로 성장하지 못합니다. 그래서 그들의 언행은 유치합니다. 대놓고 혹은 은근히 자기 과시하기를 좋아하고 사소한 일에 삐치거나 화를 냅니다.

하지만 마음공부가 된 사람은 자신을 내세우지도, 타인과 다투거나 자신을 과시하려고 하지도 않습니다. 타인을 무시하거나 차별하지도 않고, 타인의 비판이나 칭찬에 휩쓸려 중심을 잃지도 않습니다.

왜 마음공부를 하지 않으면 유치한 수준에서 벗어나지 못할까요? 아직 정화되지 않은 관념과 에고의 지배를 받기 때문입니다. 마음공부를 해야 고정관념에 갇히지 않고 사고의

유연성을 지니게 되며, 에고가 약화되어 아집에서 벗어나게
됩니다.

세상의 학문과 지식은 잘못된 고정관념과 편견을 심어주
고 에고를 오히려 강화시키는 경우가 많습니다. 에고는 실체
가 없는 허구입니다. 마음공부가 된 사람은 에고의 지배를
벗어나 자유롭지만, 그렇지 않은 사람은 에고를 진짜 자기로
알고 에고가 시키는 대로만 살아갑니다.


## 겨울의 의미


사계절 중에서도 겨울은 내게 여러 가지 의미로 다가옵니
다. 자연의 법칙에 따라서 다시 찾아온 겨울을 맞이할 때마
다, 나는 내 삶을 돌아보고 내 안을 들여다보게 됩니다.

겨울은 비움의 시간입니다. 숲은 한 시절을 풍미했던 녹음
과 화려했던 단풍을 모두 떨구어냅니다. 우리도 머리를 아프
게 한 번뇌와 망상을 모두 떨쳐버리고, 마음을 혼란하게 한
욕망과 집착도 모두 떨쳐버리고, 비움의 시간을 가져야 합니
다. 텅 빈 마음에 깊은 평화와 행복이 깃듭니다. 진정한 나를
만나는 기쁨이 피어오르고, 그 순간 세상과 합일하게 됩니다.

겨울은 내면의 시간입니다. 숲은 화려하게 장식했던 외면적
인 삶을 청산하고 속 뜰을 들여다보는 시기로 들어갑니다. 우

리도 가끔 외적인 삶에서 벗어나 내면의 세계로 들어가야 합니다. 그곳에서 정신을 맑히고 영혼을 충만하게 해야 합니다.

겨울은 침묵의 시간입니다. 숲은 묵묵히 삭풍에 몸을 내맡기고 세찬 눈보라에 젖은 채 침묵을 지킵니다. 우리도 자주 침묵의 시간을 가져야 합니다. 마음을 어지럽히는 모든 것에서 벗어나서 침묵할 수 있어야 합니다.

겨울은 인내의 시간입니다. 숲은 모든 잎새를 떨구고 빈 몸으로 서서 칼바람이 불고 꽁꽁 얼어붙은 겨울을 견뎌냅니다. 우리도 성급함에서 벗어나 기다릴 줄 알아야 합니다. 고난과 시련을 참아내며 안으로 강해지는 법을 익혀야 합니다.

겨울은 비움을 통해서 가벼워지게 하고, 침묵을 통해서 평온한 영적인 세계에 이르게 합니다. 내면을 일구어서 영혼을 살찌우게 하고, 인내를 통해서 단단해져 다시 한 번 찬란한 봄을 피워내게 합니다.


## 우리는 흐름 속에 있다


우리는 흐르는 존재입니다. 우리의 삶은 항상 흐름 속에 있습니다. 잠시도 멈추지 않고 세월의 강을 따라서 흘러갑니다. 나는 오늘도 흘러갑니다. 구름처럼 바람처럼 흘러갑니다. 강물이 바다를 향해 흘러가듯이, 열차가 종착역을 향해 달려

가듯이 쉼 없이 달려갑니다. 어제는 이미 흘러갔고, 한 시간 전도 흘러갔고 1분 전도 흘러갔습니다. 지금 이 순간도 눈 깜짝할 사이에 흘러가버립니다.

나도 흐르고 니도 흐르고 세상 모두가 흐름 속에 있습니다. 모든 것은 이렇게 흘러가서 얼마 후면 사라지고 없을 것들입니다. 사람도 돈도 명예도 모두 사라지고 맙니다. 그러니 붙잡으려고 하지 말아야 합니다. 모든 괴로움은 붙잡고 놓지 않으려고 하기 때문에 생깁니다. 무엇이든지 오는 것은 오는 대로, 가는 것은 가는 대로 그냥 놓아두어야 합니다.

강물이 흘러서 바다로 가듯이, 우리도 흘러가다 보면 결국 근원의 자리에 당도하게 됩니다. 그 자리는 우리가 이 세상에 태어나기 이전의 자리입니다. 성현들은 그 자리를 '고향'이라고 했습니다. 왜냐하면 우리가 결국은 돌아가야 할 자리요, 우리가 나왔던 자리이기 때문입니다.


## 자연의 속성


자연은 자본자근自本自根하면서 자생자화自生自化하고 자유자재自由自在합니다. 스스로를 근본으로 하고 스스로를 뿌리로 하여, 스스로 생겨나고 스스로 변화하면서, 아무런 거리낌 없이 스스로 작용합니다.

옛날부터 우리 선조들은 자연을 '천天'이라 하였고, 자연의 섭리를 '천명天命'이라고 하였습니다. 노자는 이러한 천지만물의 근원인 자연을 '도道'라고 하였습니다. 이 자연의 법칙은 사람의 의지로 바꿀 수 없으며 영원한 생명력을 가지고 이어집니다.

《노자》제25장에 '도법자연道法自然'이란 말이 나옵니다. '도는 스스로 그러함을 따른다'는 뜻입니다. 그러니까 도는 자연의 섭리를 말하는 것인데, 노자는 도에 대해서 이렇게 표현하였습니다.

"우주 만물보다 먼저 혼돈이 있었는데, 고요하고 텅 비어 아무런 모습이 없다. 홀로 있으면서도 새삼스럽지 않고, 두루하면서도 위태롭지 아니하니 가히 천지의 근원이라 할 만하다. 나는 그 이름 알 길 없어서 그것을 글자로 나타내어 '도'라고 하고, 억지로 그것을 이름하여 크다고 한다. 큰 것은 끊임없이 변해가기 마련이고, 변해가는 것은 멀어지기 마련이고, 멀어지는 것은 되돌아오게 된다. 그러므로 도의 세계는 형용할 수 없이 큰 것이다. 하늘도 크고 땅도 크고 왕도 크다. 세상에는 이 네 가지 큰 것이 있는데 왕도 그중의 하나를 차지하는 것이다. 사람은 땅을 따르고, 땅은 하늘을 따르고, 하늘을 도를 따르는데, 도는 스스로 그러함을 따를 뿐이다."

## 인생은 사랑으로 결산한다

세상에서 가장 소중한 것은 사랑입니다. 사랑은 아무리 강조해도 지나치지 않습니다. 모든 존재는 사랑 없이 살 수 없습니다. 사랑이 없으면 세상이 돌아가지 않고 우주도 운행되지 않습니다.

진정한 사랑이란 사람을 수단이 아니라 목적으로 대하는 것입니다. 무지몽매한 아내는 남편을 돈벌이 수단으로 여깁니다. 그래서 퇴직하여 돈을 벌지 못하거나 사업에 실패를 하면 가차 없이 이혼을 요구하는 경우가 있습니다. 어리석은 부모는 자식을 자신의 욕심을 채우기 위한 도구로 이용합니다. 자식이 좋은 대학 가서 출세하기를 바라는 것은 자식을 사랑해서가 아니라 자신의 욕심을 채우기 위해서 입니다. 어리석은 자식은 부모를 재산을 물려주는 존재로만 여깁니다. 돈이 없는 부모는 무시하고 멀리하고 귀찮은 존재로 여깁니다.

무지하고 의식이 깨어나지 못한 사람은 자신의 이익만 생각합니다. 이익이 되면 달라붙고, 손해가 날 것 같으면 멀리합니다. 그래서 부자간에 사랑이 없고, 부부간에 믿음이 없고, 친구 간에 우정이 없고, 이웃 간에 의리가 없습니다.

사람을 자신의 목적을 달성하기 위한 수단으로 이용하지 말아야 합니다. 죄가 따로 있는 게 아닙니다. 사람을 목적이 아니라 수단으로 대하는 것이 죄요, 자기 욕심을 채우기 위한 제물로 삼는 것이 죄악입니다.

수양이 안 된 사람은 자신이 잘나서 그렇게 사는 것으로 압니다. 누구나 타인에게 기대어 살아가고 있음을 모릅니다. 얼굴도 모르고 이름도 모르는 이웃의 은덕으로 살아가고 있는 것을 모르고, 우주 천지만물의 도움으로 살아가고 있는 것을 모릅니다.

사람은 저마다 귀중한 존재입니다. 사람이 곧 부처요 하느님입니다. 사람을 대할 때 부처님처럼 대하고, 하느님처럼 대해야 합니다. 타인을 탐욕의 제물로 이용하거나 차별해서는 안 됩니다.

누구든지 임종이 다가오면 자신의 살아온 인생을 다시 돌아보게 된다고 합니다. 그때 사랑하지 못함에 대해서 후회를 하지, 돈을 많이 벌지 못하고 지위가 낮은 것에 대해서 후회하지는 않는다고 합니다.


## 모든 사람은 귀하다


모든 사람은 귀한 존재입니다. "사람 위에 사람 없고, 사람 밑에 사람 없다"는 말이 있듯이, 모든 사람은 직업과 학식과 재산의 많고 적음을 떠나서 평등합니다.

공자는 이렇게 말했습니다. "인仁이란 사람을 사랑하는 것이다. 사해<sup>四海</sup>가 모두 형제자매이다."

석가모니도 일찍이 모든 사람이 평등함을 주장했습니다. 그는 "천상천하유아독존<sup>天上天下唯我獨尊</sup>"이라고 했습니다. '누구든지 하늘 아래 땅 위에서 귀한 존재'라는 뜻입니다.

이슬람교의 창시자인 무함마드는 이렇게 말했습니다. "신 앞에서 모든 인간은 평등한 형제자매이다. 모스크의 단상을 없애고, 성직자를 두지 말고, 노예를 모두 해방시켜라."

예수는 "이웃을 네 몸과 같이 사랑하라"고 하였습니다. 사람들이 간음한 여인을 돌로 쳐 죽이려고 했을 때 "너희 중에 죄 없는 자는 이 여인을 돌로 쳐라"라고 하였습니다.

우리 민족종교인 동학은 '사람이 하느님'이라는 인내천<sup>人乃天</sup> 사상이 중심이며, '사람을 하늘처럼 섬기라'는 사인여천<sup>事人如天</sup>을 중시하고 있습니다. '각자의 마음속에 있는 하느님을 잘 모시자'는 양천주<sup>養天主</sup> 사상도 있습니다.

동학의 2대 교주인 최시형이 어느 날 밤 지인의 집에 방문을 하였는데 가까운 곳에서 베 짜는 소리가 들렸습니다. 그래서 그가 지인에게 "누가 베를 짜고 있습니까?" 하고 묻자, 그 사람은 며느리가 베를 짜고 있다고 대답을 하였습니다. 최시형은 이렇게 말했습니다. "지금 당신의 며느리가 베를 짜는 게 아니라 하느님이 베를 짜고 있습니다."

이렇게 공부를 제대로 한 사람은 모든 사람에게서 하느님을 보고, 모든 생명체에게서 하느님을 봅니다.

# 공부가 된 사람은 사람을 차별하지 않는다

공부가 된 사람은 남을 차별하지 않습니다. 타인을 판단하지 않고 존재 그 자체로 바라봅니다. 깨달은 사람은 편견과 선입견이 없습니다. 함부로 평가하고 비교하고 해석하지 않습니다. 다만 존재 그 자체를 전부로 알고 대합니다.

마음공부가 된 사람은 타인의 재산, 학력, 고향, 외모를 굳이 묻지 않습니다. 오히려 잘못해서 상대방을 편견이나 선입견을 가지고 대할까 봐 조심합니다. 공부가 된 사람은 사람을 학력, 종교, 나이, 지역으로 나누고 차별하지 않습니다. 그것이 본질이 아니라 외형적인 모습일 뿐임을 알기 때문입니다. 공부가 된 사람은 다른 사람을 자기 멋대로 판단하고 차별하는 게 아니라 서로의 다름과 차이를 받아들이고 조화를 추구합니다.

큰 나무, 작은 나무, 잘생긴 나무, 못생긴 나무가 어우러져 조화를 이룬 숲이 그 자체로 아름답듯이, 이 세상은 서로 다른 다양한 사람들이 모여서 조화를 이루며 살아가는 공간입니다. 사람을 계산적으로 대하고 분별하는 사람은 선입견과 고정관념이 눈을 가려 진짜 좋은 인연을 만나지 못합니다.

학식이 많고 지위가 높은 사람일수록 타인을 쉽게 판단하고 차별하는 모습을 종종 보게 됩니다. 그런 사람은 깨달음이 없고 제대로 공부가 안 된 사람입니다. 공부가 제대로 된 사람이 어떻게 사람을 차별할 수 있겠습니까? 인간뿐만 아니라 모든 생명체는 상호 의존적인 관계이며, 다른 생명들이야말로 내 삶을 지탱해주는 근간입니다. 모두가 귀한 형제자매요, 함께 살아갈 이웃일 뿐입니다.

성인聖人에게는 차별이 없었습니다. 불교, 유교, 동학, 기독교는 본래 평등사상이었습니다. 붓다, 공자, 예수, 최제우는 사람을 차별하지 않고 평등하게 대했습니다. 무지하고 몽매한 사람들만이 사람을 차별합니다. 깨달은 사람, 마음공부가 된 사람은 누구도 차별하지 않습니다.


## 조화와 균형


조화는 곧 아름다움입니다. 꽃밭이 아름다운 것은 여러 가지 꽃들이 조화를 이루기 때문입니다. 가을 단풍이 그토록 아름다운 것도 형형색색의 단풍잎들이 서로 조화를 이루기 때문입니다. 무지개가 아름다운 것도 일곱 가지 색깔이 서로 조화를 이루기 때문이요, 어항 속이 아름다운 것도 여러 모양의 물고기가 서로 조화를 이루기 때문입니다. 합창이나 오케스트라 연주가 아름다운 것도 소리들이 서로 조화를 이루기 때문입니다.

이처럼 세상은 천차만별의 사람들이 조화를 이루기 때문

에 아름답습니다. 건축물도 주변과 조화를 이룰 때 아름답고, 사람도 주변과 조화를 이룰 때 아름답고, 자연도 주변과 조화를 이룰 때 한층 아름답습니다. 조화가 깨질 때 아름다움은 사라집니다. 조화가 깨질 때 문제가 생기고, 시비와 다툼이 생겨서 결국 파국에 이르게 됩니다.

균형은 곧 안정입니다. 조화 못지않게 중요한 것이 균형입니다. 집단이나 사회가 안정된 것은 서로 균형을 이루기 때문입니다. 다양한 사람들의 특성이 적당히 균형을 잡을 때 건강한 사회가 되고 견실한 조직이 됩니다. 균형이 맞지 않으면 문제가 생깁니다. 한쪽으로 무게중심이 쏠린 시소가 균형을 잃고 말듯이, 사회도 국가도 균형을 잃을 때 탈이 나게 됩니다.

특정 세력이나 집단, 국가 간에도 힘의 균형이 이루어져야 평화가 유지됩니다. 정치도 마찬가지입니다. 여야가 서로 견제하면서 힘의 균형을 이뤄야 정치가 제대로 굴러가고 국민이 평안합니다.

사람 사는 곳이면 어디서든지 조화와 균형을 잃지 않도록 신경을 써야 합니다. 악기도 조화와 균형을 이룰 때 아름다운 소리를 냅니다. 기타 줄을 너무 조이거나 너무 느슨하게 하면 소리가 제대로 나지 않습니다. 적당하게 조여야 아름다운 소리가 나옵니다. 조화와 균형을 이루는 것이 평화를 지키는 길이요, 건강을 담보하는 길이며, 서로를 온전히 보존하는 길이고, 모두가 상생하는 길입니다.


## 삶의 방식을 바꾸면 행복해진다


사람들은 누구나 행복을 좇습니다. 행복하기 위해서 결혼을 하고, 행복하기 위해서 직장에 다니고, 행복하기 위해서 사업을 합니다. 알고 보면 강도도 행복하기 위해서 도둑질을 하고, 사기꾼도 행복하기 위해서 사기를 칩니다.

그러나 대부분은 외부조건을 바꾸어서 행복해지려고 합니다. 돈을 많이 벌면, 출세를 하면, 지위가 높아지면 행복해질 거라고 믿기 때문입니다. 그래서 더 많이 차지하려고 안달을 하고, 더 많이 가지려고 야단법석을 피웁니다.

그런데 사실은 그럴수록 더욱 많은 불행을 경험하면서 살게 되기 마련입니다. 자신보다 재산이 많은 사람, 사회적 지위가 높은 사람, 외모가 잘생긴 사람, 능력이 우월한 사람을 볼 때마다 괴로움에 빠지게 됩니다. 그래서 늘 마음이 바쁘게 쫓깁니다. 자주 스트레스를 받고 짜증이 납니다.

가장 큰 문제는 지금 이 순간의 귀중한 삶을 놓치게 된다는 점입니다. 아름다운 세상을 제대로 즐기지 못하고, 오늘 주어진 소중한 순간들을 왜곡해서 부정적으로 경험하면서 노예처럼 끌려다니게 됩니다. 남보다 뒤처질까 봐 불안하고,

화가 나고, 배가 아프고, 우울합니다.

이처럼 현대인들은 물질적으로는 부족함이 없어도 정신적으로는 빈곤감을 느끼며 살아갑니다. 돈, 명예, 권력을 지향하고 부귀영화를 좇는 외적인 삶만 알 뿐, 마음의 평온과 영적인 기쁨을 느낄 수 있는 내적인 삶을 모르기 때문입니다.

진정한 행복은 채움을 통해서 얻을 수 있는 게 아닙니다. 채우는 삶은 끝없는 갈증 속에서 불만족을 느끼면서 살게 하고, 비우는 삶은 휴식과 평화와 기쁨 속에서 살게 합니다. 가진 게 없어서 비록 작은 오두막에서 살더라도, 생계를 유지하는 데 지장 없을 정도의 수입이 있고 자신이 좋아하는 일을 할 수 있다면 그는 가장 행복한 사람입니다. 대궐 같은 집에서 고급 차를 끌고 다니면서 떵떵거려도, 늘 마음속에서 불만족과 부족감과 빈곤을 느끼고 있다면 그는 가장 불행한 사람입니다.

욕망과 집착에서 벗어날 때 내 안에서 진정한 나를 만나게 됩니다. 나를 텅 비울 때 본래의 나로서 살게 됩니다. 굳이 외적 조건을 바꾸지 않아도, 내 마음을 바꾸면 얼마든지 행복해집니다. 마음을 허공처럼 비우고, 붙들고 있는 짐을 내려놓기만 하면 됩니다. 그러면 자연스럽게 마음이 평온해지고, 그 평온함 속에 행복이 은은한 달빛처럼 스며듭니다.

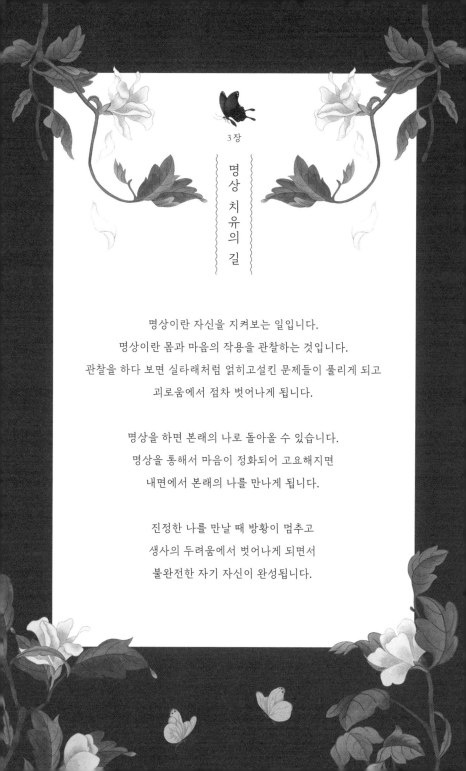

3장

명상 치유의 길

명상이란 자신을 지켜보는 일입니다.
명상이란 몸과 마음의 작용을 관찰하는 것입니다.
관찰을 하다 보면 실타래처럼 얽히고설킨 문제들이 풀리게 되고
괴로움에서 점차 벗어나게 됩니다.

명상을 하면 본래의 나로 돌아올 수 있습니다.
명상을 통해서 마음이 정화되어 고요해지면
내면에서 본래의 나를 만나게 됩니다.

진정한 나를 만날 때 방황이 멈추고
생사의 두려움에서 벗어나게 되면서
불완전한 자기 자신이 완성됩니다.

## 명상에 기대라

우리에게는 어딘가에 의지하려고 하는 습성이 있습니다. 어린아이가 엄마에게 기대듯이 자신이 심리적으로 허약해질 때면 의지할 사람이나 의지할 대상을 찾습니다. 그래서 여러 신들이 생겨나고, 다양한 종교가 만들어졌습니다.

그러나 인간은 나약하면서도 한편으론 강인한 존재입니다. 무지하여 진리를 제대로 보는 눈을 뜨지 못했기 때문에 잠시 무언가에 의지하고 있을 뿐입니다. 명상을 제대로 공부한 사람은 그 무엇에도 의지하지 않고 스스로 자신의 의지처가 됩니다. 가장 확실하게 믿고 의지해야 할 대상은 내 안에 있는 '참나'뿐입니다. 내면에서 늘 새벽 별처럼 맑게 깨어 있는 참나, 오직 그것뿐입니다.

명상의 대가인 붓다는 임종하기 전에 제자들에게 이렇게 말했습니다. "너 자신을 등불 삼아 너 자신에게 의지하라." 그는 자신을 믿으라고 하지 않았으며, 종교에 의지하라고 하지도 않았습니다. 마음이 평온하고 늘 깨어 있으면 스스로 어두운 밤길을 비추는 등불이 될 수 있기 때문입니다.

그러려면 어떻게 해야 할까요? 항상 자신의 몸과 마음이 어떻게 움직이고 있는지를 알아차리고 관찰해야 합니다. 그 첫걸음은 마음을 한 곳에 집중하는 것입니다. 가장 손쉬운 방법은 편안하게 앉아서 눈을 감고, 호흡에 따라 배가 움직이는 것을 관찰하는 호흡명상입니다.

꾸준히 몸과 마음을 관찰하다 보면, 자연스럽게 이 세상과 자기 존재에 대해서 깨닫게 됩니다. 내면에 있는 참나와 만나서 존재하는 기쁨을 느끼게 되고, 삶과 죽음에 대한 모든 의문이 풀려 안심입명安心立命을 얻게 됩니다. 다른 어떤 대상에 의지하려는 허약한 마음도 사라집니다. 그래서 자연의 법칙에 따라 순응하면서 살아도 아무 문제 없이 평화롭습니다.


## 남을 괴롭히는 사람의 심리상태


유별나게 남을 못살게 구는 사람들이 있습니다. 그들은 자신이 잘난 줄 압니다. 하지만 그들은 마음의 병을 앓고 있을 뿐입니다. 타인에게 핀잔을 주고 무시하고 흉을 보기를 좋아하는 사람들은 자신의 마음이 괴로우니 남도 괴롭게 합니다. 살아오면서 받은 상처와 치유되지 않은 아픔이 자기 안에 있기 때문입니다.

마음이 평화로운 사람은 세상을 긍정적으로 봅니다. 하지만 마음이 괴로운 사람은 세상을 부정적으로 봅니다. 마음이 평화로운 사람은 세상을 낙천적으로 봅니다. 하지만 마음이 불편한 사람은 세상을 비관적으로 봅니다. 마음이 괴로운 사람은 아이들이 뛰어노는 것을 시끄럽다며 싫어하지만, 마음이 평온한 사람은 사랑스러운 눈빛으로 그 광경을 바라봅니다. 마음이 즐거운 사람은 모든 음식을 맛있게 먹지만, 마음이 괴로운 사람은 무얼 먹어도 맛있는 줄을 모릅니다.

이처럼 마음이 평화로운 사람은 세상을 아름다운 눈으로 보고, 마음이 괴로운 사람은 세상을 삐딱하게 보거나 삐뚤어지게 바라봅니다. 그래서 마음공부를 통해서 마음의 평화를 일구는 것이 중요합니다. 열등감이 강한 사람은 자기 자랑을 잘하거나 남에 대한 험담을 잘합니다. 자랑함으로써 자신이 보상을 받는다고 느끼기 때문이며, 타인의 흉을 보거나 험담을 함으로써 자기 자신이 우월해진다고 느끼기 때문입니다.

문제는 남을 흉보고 험담하는 진짜 이유를 본인이 모른다는 점입니다. 그렇게 말하고 행동하는 사람은 그냥 그러는게 당연하다고 느낍니다. 우리는 본능적으로 안정과 자기만족을 추구합니다. 그래서 스트레스를 받으면 죄 없는 타인에게 쏟아냅니다. "종로에서 뺨 맞고 한강에서 눈 흘긴다"는 말이 있습니다. 책임을 다른 사람이나 세상에 떠넘겨야 자기자신이 편해지기 때문입니다.

따라서 나는 이런 사람을 보게 되면 연민의 정을 느낍니다. 다른 사람을 괴롭히고 공격하는 사람, 무시하고 차별하는 사람, 험담하고 미워하는 사람을 만나게 되거든 속으로 이렇게 속삭여보십시오. '저 사람도 마음속에 상처와 아픔이 있구나!' '저 사람도 마음 치유가 필요한 사람이구나!'

자기 자랑이 지나친 사람을 만나게 되거든 속으로 이렇게 속삭여보십시오. '저 사람도 마음속에 열등감을 가지고 있구나!' '저 사람도 남에게 잘 보이려고 그러는구나!'

더불어 혹시 나도 그렇게 살고 있지 않은지 살펴보십시오. 조용히 눈을 감고 지금 자신의 마음이 평화로운지 들여다보는 기회로 삼으십시오.


## 마음을 뺏기지 말라


우리는 살아가면서 어떤 대상에 마음을 뺏기는 경우가 많습니다. 특히 자신이 좋아하는 대상에 마음을 뺏기게 됩니다. 때로는 이성에게 마음을 뺏기고, 때로는 물건에 마음을 뺏깁니다. 말뜻 그대로, 마음이 그리로 가서 '찰싹' 달라붙습니다.

이렇게 어딘가에 한 번 달라붙은 마음은 좀처럼 떨어지려 하지 않습니다. 우리는 소리에도 마음을 뺏기고, 냄새에도 마음을 뺏기고, 맛에도 마음을 뺏기고, 촉감에도 마음을 뺏깁니다. 그리고 마음을 뺏긴 그 대상을 소유하길 원하게 됩니다. 사람이든 물건이든 다 갖고 싶어집니다.

그래서 그것을 점령하거나 가지지 못할 때, 화가 나고 슬퍼지고 고통을 느낍니다. 이처럼 무언가에 마음을 뺏기면 결국 괴로움으로 귀착이 되기 쉽습니다. 우리가 항상 깨어 있어야 하는 이유입니다. 내 마음이 어떤 대상과 접촉하는 그 순간을 알아차려야 합니다. 접촉하면서 어떤 느낌이 일어나는지를 알아차려야 합니다. 그래야 평정심을 잃지 않고 살아갈 수 있습니다.

늘 자기 마음이 어떻게 움직이는지 깨어서 보아야 합니다. 내 마음의 움직임을 알아차리면, 외부의 대상에 마음을 빼앗겨서 혼란에 빠지거나 고통을 겪는 일이 생기지 않게 됩니다.


## 식탐과 무의식


산업화되기 전의 우리 조상들의 삶은 대대로 가난했습니다. 그래서 굶지 않고 잘 먹으며 지낼 수 있기를 그 무엇보다 희망했습니다. "많이 드세요" 같은 말이 지금까지 일상에서 흔히 사용되는 것은 그러한 역사에서 비롯되었습니다. 같은 이유로, 지금처럼 먹을 것이 풍족해진 시대에도 우리는 종종 과식을 하고 나서 후회를 하곤 합니다. 특히 음식이 잔뜩 차려진 명절이나 뷔페에서 그런 경우가 많습니다.

식탐은 무의식과 관련이 깊습니다. 욕구불만이 강한 사람은 폭식하기 쉽습니다. 많이 먹는 것으로 불만을 해소하려는 것입니다. 마음이 허전하거나 외로움을 잘 느끼는 사람도 폭식하기 쉽습니다. 많이 먹는 것으로 심리적인 허기를 채우려는 것입니다.

하지만 마음이 평화롭고 언제나 만족하며 사는 사람은 과식을 하지 않습니다. 일본에는 "배의 80퍼센트만 채우면 의사가 필요 없다"는 말이 있습니다. 늘 약간 모자라게 먹으라는 뜻입니다. 배의 8할만 채우는 습관을 뜻하는 '복팔분腹八分'은 단지 식사량에만 해당하지 않습니다. 우리가 살아가면서 겪는 문제들이 대부분 모자람보다는 지나침 때문이라는 사실을 깨우쳐주는 말이기도 합니다.

과식을 예방하려면 '식사 명상'을 하는 게 도움이 됩니다. 식사를 할 때 그 모든 과정을 주의 깊게 알아차려야 합니다. 음식을 보고 냄새를 맡고 맛보고 씹어서 목으로 넘기는 과정까지 알아차려야 합니다. 알아차림을 놓치지 않으면, 음식을 꼭꼭 씹어 삼키게 됩니다. 핸드폰을 하거나 TV를 보거나 책을 펼치지 말고, 오직 식사에만 집중을 해야 합니다.

또한 식사량을 미리 정해놓고 식사를 하는 게 좋습니다. 양을 정해놓지 않고 식사를 하면 자기도 모르게 과식하기 쉽지만, 처음부터 먹을 만큼만 덜어놓으면 과식을 예방할 수 있습니다.

어떻게 먹어야 할지를 법정 스님은 이렇게 말했습니다. "아침은 부드럽게, 점심은 제대로, 저녁은 가볍게." 이대로만 실천하면 건강한 삶을 유지할 수 있습니다. 그러려면 먼저 산란한 마음을 안정시키는 것이 우선입니다.


## 영혼의 배고픔


　삭막한 도시에서 살다 보면 일상이 무미건조해집니다. 거리를 꽉 메운 자동차 행렬과 어딜 가나 넘쳐나는 사람들, 빼곡한 건물들 사이에서 살다 보면 사는 게 재미가 없고 답답하고 우울해지기 쉽습니다. 날마다 일터로 출근해서 같은 일을 반복하며 기계적인 삶을 살다 보면, 샘물이 말라가듯이 영혼도 차츰 메마르게 됩니다.

　사람은 영혼과 육체로 이루어진 존재입니다. 영혼과 육체가 함께 건강해야 행복한 삶을 영위할 수 있습니다. 돈이 많고 사회적 지위가 높은 사람도 그것만으로는 행복할 수 없습니다. 영혼의 굶주림을 해결해야 합니다. 마음이 답답하고, 짜증이 나고, 우울하고, 불안하고, 허전한 것은 대부분 영혼의 배가 고프기 때문입니다. 사는 것이 재미가 없고 의미가 없게 느껴지는 것은 영성과 단절되어 있기 때문입니다.

　영혼을 살찌우는 삶을 살아야 합니다. 자연을 가까이하면 쇠약해진 영혼에 살이 찌게 됩니다. 산이나 강이나 바다에 갔을 때 가슴이 탁 트이고 기분이 좋아지는 이유는 영혼의 갈증이 해소되기 때문입니다. 자연 속에서 충분히 머물며 쉬다 보면 영성의 샘에 맑은 물이 고입니다.

예술을 가까이하는 것도 영혼을 살찌우는 좋은 방법입니다. 종종 정신적인 자양분이 되어주는 책을 읽거나 음악을 듣는 것이 좋습니다. 직접 악기를 연주하거나 그림을 그리거나 글을 써보는 것도 영혼을 살찌우는 데 큰 도움이 됩니다.

무엇보다도 가장 빨리 영성을 회복할 수 있는 길은 명상입니다. 모든 것을 내려놓고 한동안 눈을 감은 채 배에 주의를 집중하십시오. 한동안 천천히 숨을 들이마시고 내쉬다 보면 마음이 평온해지면서 영혼에 생기가 돌게 됩니다. 마음이 고요해지고 몸이 이완되면, 해맑은 영혼이 깊은 밤 호수에 뜬 밝은 달처럼 선명하게 나타납니다.


## 정신적인 연령과 영적인 성장


사람은 영적으로 성장해야 합니다. 그래야 풍성하고 충만한 인생을 살 수 있습니다. 영적인 성장은 명상을 통해서만 가능합니다. 명상이란 영성을 깨우는 일이요, 단절된 영성과 다시 연결되는 일이며, 지혜와 함께 통찰력을 키우는 일입니다. 지식공부가 아니라 마음공부를 해야 정신적인 연령이 높아집니다.

돈이 많고 학식이 많고 지위가 높아도 정신적인 연령이 낮은 사람들이 참 많습니다. 대부분의 사람들의 평균 정신연령은 13~14세에 머물러 있습니다. 육체적인 키도 중요하지만, 마음의 키가 자라지 못하면 행복하게 살기가 어렵습니다. 여러분 주변에도 술, 이성, 화투, 오락 등에 빠져서 소중한 인생을 낭비하는 사람들이 많을 것입니다. 그들이 그렇게 사는 것은 마음이 평온하지 않기 때문이며, 마음속에 불만족과 불안과 허전함이 자리 잡고 있기 때문입니다.

정신연령이 낮은 사람은 사소한 일로 싸우고, 남을 흉보기 좋아하고, 자기밖에 모르고, 모든 것을 이해타산적으로 생각하고 매사가 계산적입니다. 세상 모두가 하나요, 모든 존재가 서로서로 기대면서 살아가는 상호의존적인 관계라는 것을 체득하지 못했기 때문입니다. 그래서 세상이 점점 더 삭막하고 황폐해져갑니다.

날씨가 맑은 날이 있고 흐린 날이 있듯이, 세상을 살다 보면 손해날 때도 있고 이익을 볼 때도 있습니다. 계산적이고 자기 잇속만 차리는 사람이 얼핏 보면 똑똑하고 영리한 것처럼 보여도 결국 그는 불행한 삶을 살게 됩니다.


깨어 있는 자의 삶


세상에서 가장 잘 사는 비결은 늘 깨어 있는 것입니다. 순간순간을 자각하면서 '지금 여기'에 머무는 것입니다. 우리가 깨어 있을 때 삶은 꽃처럼 아름답게 피어납니다. 깨어 있을 때는 삶 자체가 무조건적으로 기쁘고 황홀해집니다.

깨어 있을 때 우리 삶은 무지개처럼 아름답습니다. 삶에 생기가 생기고 활력이 돕니다. 살아 숨 쉬고 있는 것만으로도 감사함을 느끼게 됩니다. 깨어 있으면 몸과 마음과 영혼이 통합되어 조화로운 삶을 살게 됩니다.

깨어 있는 사람은 평온합니다. 깨어 있는 사람은 구름에 달 가듯이 살아갑니다. 삶이 균형을 이뤄 차분하고 고요합니다. 바쁘게 쫓기지 않고 여유 있게 매 순간을 즐깁니다. 근심과 걱정이 없습니다. 불필요한 욕망에 빠지지도, 무언가에 집착하지도 않기 때문입니다. 깨어 있는 사람은 쓸데없는 짓을 하지 않고 꼭 해야 할 일만 합니다.

깨어 있다는 것은 조용히 지켜보는 것입니다. 자신의 몸과 마음의 작용과 행동을 알아차리고 주시하는 것입니다. 자신이 무슨 생각을 하는지, 어떤 감정의 지배를 받고 있는지, 어떤 욕망에 점령당해 있는지를 지켜보십시오. 서고, 앉고, 걷고, 세수하고, 샤워하고, 말하고 먹는 등의 모든 행동을 지켜보십시오. 자신이 무슨 짓을 하고 있는지를 알아차리십시오.

이렇게 몸과 마음을 지켜보는 것만으로도 변화가 일어납니다. 이리저리 날뛰던 생각들이 자리를 잡아가고, 혼란스러운 감정이 가라앉고, 삶에 질서가 잡힙니다. 모든 것이 하나로 조율되어 안정을 되찾습니다.

　깨어 있다는 것은 에고의 지배를 벗어나 '참나'로 산다는 뜻입니다. 항상 지금 이 순간을 살면 에고가 작동하기 어렵습니다. 깨어 있으면 마음의 지배를 받지 않고 내면의 순수 의식으로서 살게 됩니다. 기계적이고 습관적인 삶의 지배에서 벗어나서 자기 인생의 참된 주인으로서 살게 됩니다.

　깨어 있는 훈련이 잘 되어 강력하게 현존하게 되면, 내가 꽃이 되고 꽃이 내가 됩니다. 내가 하늘이 되고 하늘이 내가 됩니다. 생각이 사라지고 없는 세상을 경험하게 되면, 모든 경계가 사라지고 우주와 합일되는 깊은 체험을 하게 됩니다.

　깨어 있는 사람은 죽음이 찾아오는 순간에도 평온하게 지켜봅니다. 숨이 끊어지는 그 순간까지도 생생하게 자각하고 주시합니다. 목숨이 끊어지면 육신은 죽지만, 깨어 있는 자는 개체의식을 벗어나 우주의식이 됩니다. 시공을 초월하여 영원과 하나가 됩니다.

## 명상으로 얻은 행복

　명상 수행자의 행복은 세속적인 행복과 다릅니다. 세상 사람들처럼 부족감과 결핍감에서 벗어났을 때 오는 행복이 아니라, 순간순간에 깨어서 존재하는 기쁨을 느끼기에 행복합니다.

그래서 명상 수행자는 조건과 관계없이 늘 행복합니다. 일의 성패와 관계없이 행복하고, 돈이 없어도 행복합니다. 남이 알아주지 않아도, 딱히 내놓을 것이 없어도 행복합니다. 필요 없는 욕망과 집착에서 벗어났기 때문에 항상 평온함과 감사함 속에서 기쁘게 살아갑니다.

세상 사람들은 무엇에 홀린 사람처럼 바쁘게 살아가지만, 명상 수행자는 느긋한 마음으로 살아갑니다. 세상 사람들은 항상 쫓기듯이 살아가지만, 명상 수행자는 여유롭게 천천히 움직이면서 살아갑니다. 세상 사람들은 소유의 덫에 걸려서 날마다 많다 적다 계산하느라 분주하지만, 명상 수행자는 매 순간을 삶의 목표로 삼고 살아갑니다. 세상 사람들은 부자가 되어서 떵떵거리려 하지만, 명상 수행자는 진리를 탐구하는 즐거움 속에서 살아갑니다.

십수 년 전에 혼자서 산골 마을에서 지내던 어느 날, 나는 어리석게 살아왔던 지난날들을 돌아보다가 문득 '사람들은 죽으면 단돈 100원도 가지고 갈 수 없는데 왜 그렇게 돈밖에 모를까?' 하는 생각에 한참 동안 배꼽을 잡고 웃었던 적이 있습니다. 명상 수행자의 행복은 채워서 얻는 행복이 아니라 비워서 얻는 행복입니다. 비울수록 가볍고, 비울수록 평온하고, 비울수록 진리와 가까워집니다. 아무것도 비울 것이 없을 때 나는 구름에 달 가듯이 흐르게 됩니다.

## 오쇼의 깨달음

20세기의 손꼽히는 명상가요 철학자인 오쇼는 동서양의 철학과 종교를 아우르는 강의로 서양 사람들을 명상의 세계로 안내하는 데 큰 역할을 했습니다. 그는 어린 시절부터 침묵을 좋아했다고 합니다. 혼자서 나무 아래 앉아 있는 일이 많았습니다. 그는 아이들과 어울려 놀지 않았습니다. 그래서 그의 가족들은 쓸모없는 아이가 될까 봐 늘 걱정을 했습니다.

그는 종일 눈을 감고 앉아 있거나, 강기슭에서 하염없이 강물만 바라보거나, 밤새도록 밤하늘을 올려다보곤 했습니다. 사람들은 그를 이상한 사람으로 여겼습니다. 결국은 집에서도 없는 자식 취급을 받게 되었습니다. 그런데 그는 오히려 자신이 '아무것도 아닌 것', 즉 무無가 된 것에 기쁨을 느꼈습니다.

그는 어느 한 해 동안 세상과 모든 접촉을 끊고 무와 공空에만 둘러싸여 있었습니다. 그의 관심은 오직 자신 속으로 더 깊이 들어가는 것뿐이었습니다. 그는 자신의 이름조차도 잊어버린 채 지냈으며, 다른 사람들은 모두 그가 미쳤다고 생각했습니다. 그는 아무도 만나지 않고, 아무것도 하지 않았습니다.

오쇼는 깨달음을 얻고 난 후 배꼽이 빠지게 웃었습니다. 그리고 이렇게 말했습니다. "깨달음을 얻기 위해 애쓰던 그동안의 어리석었던 행동을 보고 나는 정말 정신없이 웃었다. 그날 나는 나 자신을 향해 웃었고 온 인류를 향해 웃었다. 왜 냐하면 우리는 이미 깨달음을 지니고 태어났기 때문이다. 이 미 주어진 것을 얻기 위해 그처럼 애를 쓰는 것만큼 어리석 은 일은 없다. 깨달음은 그대의 본성 자체이다. 그것은 야망 의 대상이 될 수 없다."

그는 또 이렇게 말했습니다. "깨달음을 얻은 날, 나는 내가 성취해야 할 것이 아무것도 없다는 것을 깨달았다. 가야 할 곳도, 해야 할 것도 없음을 깨달았다. 우리는 이미 신성을 지 니고 있으며, 우리는 있는 그대로 완전하다."

그는 이렇게 지적했습니다. "마음은 욕망을 가지고 있다. 마 음은 돈과 권력과 명성을 원한다. 그리고 마침내 그런 것들에 질리게 되면 깨달음을, 해탈을 얻기를 원한다. 그러나 이는 똑 같은 욕망이 돌아온 것뿐이다. 대상만 바뀌었을 뿐이다."

그는 깨닫기 위해서 몸부림쳤었지만 아무 일도 일어나지 않았습니다. 그는 아무 일도 일어나지 않은 이유가 바로 자 신의 노력이 가로막고 있기 때문임을 알게 되었습니다. 깨달 음의 문제에서는 노력이 곧 장애물임을 알게 되었습니다. 구 하지 말라는 것이 아니고, 구함을 놓아버려야 때가 온다는 것을 알게 되었습니다.

그에게 깨달음은 완전한 이완의 상태에서 일어났습니다. 그는 깨달음은 언제나 그런 상태에서 일어난다고 말합니다.

그는 그동안의 모든 노력이 허사임을 깨닫고 포기했습니다. 일주일 동안 아무것도 바라지 않고 지냈습니다. 잠이 오면 자고, 배가 고프면 먹을 뿐 아무런 인위적인 행동을 하지 않았습니다.

그러자 변화가 일어나기 시작했습니다. 모든 욕망의 추구가 멎은 순간, 에고가 사라지고 온전한 현존이 이루어진 것입니다. 모든 경계와 구분이 사라지면서 그는 형언하기 어려운 기쁨에 휩싸였습니다. 시간과 공간이 합일되는 체험을 하게 되었습니다. 온 우주가 자신과 함께 하나의 축복이 되었습니다.

## 장자의 명상법, 심재

장자는 평생을 가난하지만 자유롭게 살았습니다. 그는 절대 자유를 추구하면서 최고의 경지에 도달했습니다. 장자처럼 자유로운 영혼으로 살기 위해서는 수양을 해야 합니다. 수양은 마음속의 찌든 때를 벗겨내고, 병든 마음을 치유하고, 녹슨 삶을 청소하는 작업입니다.

수양을 해야 장자가 지향했던 '소요유逍遙遊'의 경지에서 노닐 수 있습니다. 깊은 수양을 하지 않고서는 누구도 그러한 경지에 도달할 수가 없습니다. 장자는 그 수양법으로 심재心齋와 좌망坐忘을 제시했습니다.

《장자》〈지북유知北遊〉편에는 이런 구절이 나와 있습니다. 공자가 도를 깨닫는 법에 대해서 묻자 노자가 이렇게 답을 합니다. "그대는 먼저 재계하고 그대의 마음을 말끔히 씻어내며, 정신을 맑고 깨끗하게 하고, 그대의 지식을 깨부숴야 하오."

장자가 말하는 심재의 요체는 '비움'에 있습니다. 감각적 욕망을 비우고 분별적 지식과 모든 고정관념에서 벗어나, 마음이 지극히 맑고 고요한 상태에 이르게 하는 수양이 심재입니다.

《장자》〈인간세〉편에 보면, 심재를 하는 방법으로 "마음을 하나로 모아서 귀로 듣지 말고 마음으로 듣고, 마음으로 듣지 말고 기氣로 들으라"는 구절이 나옵니다. 여기에서 '들으라'는 말은 집중하라는 뜻으로 이해하면 됩니다. 명상을 통해 삼매에 들면, 모든 마음의 작용이 사라지고 주객합일主客合一이 이루어져 우주와 하나되는 경지에 이릅니다. 그러한 경지에 이르게 될 때 비로소 '기로 듣는 지경'에 이르게 됩니다.

심재를 간단하게 말하자면, '마음이 텅 비어 고요한 상태'입니다. 마음이 고요하고 텅 빈 상태가 되게 하기 위해서는 귀로 듣지 말고 마음으로 듣고, 마음으로 듣지 말고 기로 들으라고 한 것입니다.

심재는 가장 높은 경지에 도달할 수 있는 마음공부입니다.

심재를 통해서 감관感官작용으로 혼탁해진 마음을 잠재우고, 일체의 욕망과 분별지分別智까지 정화할 수 있습니다. 감각적 욕망과 분별지는 마음에서 일어나지만, 기의 작용은 의식의 차원에서 이루어지기 때문입니다. 그러므로 마음을 비워 순수의식에 도달하면 감관과 분별지는 자연히 사라집니다. 이렇게 감각적인 욕망과 분별망상에서 벗어나게 되면 본래의 생명 자체요 순수한 참나가 있는 그대로 드러납니다.

장자는 이러한 상태를 맑은 거울과 고요한 물로 비유하여 표현하기도 했습니다. 거울을 닦지 않고 그대로 두면 먼지가 쌓여 흐려지지만, 자주 먼지를 닦아주면 본래의 내 모습이 투명하게 비칩니다. 물은 본래 맑지만, 이물질이 들어가 혼탁해지면 본래의 투명함을 잃습니다. 이처럼 마음속에 낀 때를 자주 닦아내야 심재에 들어갈 수 있습니다. 마음속에 낀 때란 다름 아닌 감각적인 욕망이요 감정이며, 분별망상이요 에고의 작용입니다.

도道는 감각과 사유를 통해서는 알 수 없습니다. 도를 알기 위해서는 감각과 생각이 모두 끊어지고 마음이 맑은 거울처럼 깨끗해져야 합니다. 도를 깨닫고 진정으로 참된 삶을 살기 위해서는 심재, 즉 명상을 해야 합니다. 그러한 마음공부를 통해서만 우리는 자신을 비우고 본래의 나로 살 수 있습니다.

## 장자의 수행법, 좌망

장자는 심재를 이룬 후에 좌망坐忘의 상태에 들어가야 도의 세계를 맛볼 수 있다고 보았습니다. 좌망은 심재와 함께 장자 수양법의 양대 기둥입니다. 장자는 공자와 그의 제자인 안회가 서로 질문하고 대답하는 형식을 통해 좌망에 대하여 이렇게 말하고 있습니다.《장자》〈대종사〉편에 나오는 이야기입니다.

안회가 말했다. "저는 얻은 바가 있습니다."
공자가 물었다. "무슨 말이냐?"
안회가 대답했다. "저는 좌망하게 됐습니다."
공자는 놀라서 물었다. "무엇을 좌망이라고 하느냐?"
안회가 대답했다. "손발이나 몸을 잊고, 귀와 눈의 작용을 물리쳐서, 형체를 떠나 지식을 버리고 저 위대한 도와 하나가 되는 것, 이것을 좌망이라고 합니다."
안회의 말을 듣고 공자가 말했다. "도와 하나가 되면 좋다 싫다 하는 차별이 없어지고, 도와 하나가 되어 변하면 한 군데에 집착하지 않게 된다. 너는 정말 훌륭하구나. 나도 네 뒤를 따라야겠다."

여기에서 안회와 공자의 대화를 풀이하자면 다음과 같습

니다.

첫째, 손발이나 몸을 잊었다는 것은 육체적인 욕망과 감관에서 벗어났다는 뜻입니다.

둘째, 귀와 눈의 작용을 물리쳤다는 것은 인식작용에 의해 형성되는 분별지에서 벗어났다는 뜻입니다.

셋째, 형체와 지식을 버리고 도와 하나가 되었다는 것은 몸과 알음알이를 벗어나니 비로소 주객불이主客不二와 자타불이自他不二의 상태가 되었다는 뜻입니다.

장자는 몸을 통해 느끼는 감관과 머리를 통해서 일어나는 생각에서 벗어나야 함을 강조합니다. 그리고 바깥 대상과 그것을 인식하는 자신까지 잊어야 하는데, 거기에는 육신으로서의 자아뿐 아니라 정신적 활동을 하는 자아도 포함됩니다.

장자는 깨달음에 이르는 수양법으로 심재와 좌망을 함께 제시했습니다. 순서상으로 심재는 좌망에 이르기 위한 수양법입니다. 심재가 욕망과 분별지 등의 '비움'에 초점을 맞추는 단계라면, 좌망은 자아가 사라져 주객합일과 자타합일에 도달한 경지입니다. 비우고 또 비워서 더 이상 비울 것이 없는 상태가 심재이고, 그 비움마저 잊어버린 상태가 바로 좌망입니다.

자신의 관념과 에고에 갇히면 세상을 있는 그대로 경험하지 못하게 됩니다. 마음을 비우는 심재를 수련하고, 관념과 에고의 지배에서 벗어나는 좌망을 공부하면, 지혜의 빛이 밝아져서 아침 햇살 같은 깨달음에 이르게 됩니다. 구름 속에 가려져 있던 푸른 하늘이 드러나듯이, 사물의 본성에 눈을 뜨게 되어 파도가 아니라 바다로서 살 수 있게 됩니다.


## 알아차림과 관찰

명상에서는 '알아차림'이 아주 중요합니다. 알아차리지 않고는 한 발자국도 앞으로 나아갈 수 없습니다. 순간순간 변해가는 자신의 몸과 마음의 작용을 알아차려야 합니다. 그것이 바로 수행의 요체입니다.

하지만 알아차림에서 끝나서는 안 됩니다. 알아차리는 것만으로는 자신의 복잡하고 미묘한 마음을 다스리기가 쉽지 않습니다. 예를 들어서 화가 날 때, 화가 난 것을 알아차리면 그 마음을 조절할 수 있습니다. 하지만 알아차림만으로 그 화가 사라지지는 않습니다. 그 화를 깊이 관찰해야 합니다. 그것이 왜 일어났는지, 어떻게 왔다가 사라지는지까지 파악해야 그것으로부터 완전히 빠져나올 수 있습니다.

생각을 다스리는 방법도 마찬가지입니다. 어떤 생각 속에 빠져들 때, 그것을 알아차리면 더 이상 진행되지 않고 거기서 멈춥니다. 하지만 그 생각으로부터 완전히 빠져나오려면, 한 발 더 나아가서 그것이 어떻게 왔다가 사라지는지를 관찰해야 합니다.

에고도 마찬가지입니다. 에고가 작용하고 있는 것을 알아차리는 것만으로 끝나지 말고, 에고가 어떻게 내 안에서 휘젓고 돌아다니면서 작용하는지를 관찰해야 합니다.

늘 깨어서 몸과 마음의 작용을 알아차리십시오. 그리고 그것이 어떻게 머물다가 사라지는지를 깊이 관찰하십시오. 그래야 번뇌와 망상을 일으키는 생각과 파도처럼 요동치는 감정에서 완전히 벗어날 수 있습니다.


## 명상공부의 길

일찍이 맹자는 이렇게 말했습니다. "마음을 다한 사람은 그 본성을 알고, 그 본성을 알면 하늘을 알게 된다. 그 마음을 보존하고 본성을 기르는 것이 하늘을 섬기는 것이다."

그는 마음이 고요해지면 본래의 타고난 본성을 깨닫게 되고, 자신의 본성을 알게 되면 하늘을 알게 된다고 하였으며, 마음을 잘 지키고 본성대로 사는 것이 하늘을 섬기는 길이라고 말했습니다.

여기서 '하늘'은 자연의 섭리와 우주의 질서를 말합니다. 신이나 하느님, 하나님으로 이해해도 관계는 없습니다. 중국 사람들은 오래전부터 천명天命사상을 가지고 있었습니다.

초기 기독교 수도승인 안토니<sup>Anthony</sup>는 이렇게 말했습니다. "주님 안의 내 형제들이여, 너 자신을 알라. 너 자신을 알면 하나님을 알게 되고, 하나님을 알게 되면 하나님을 바르게 섬길 수 있게 된다." 그는 하나님을 바르게 섬기려면 자신을 아는 일부터 시작하라고 했습니다. 내 안에서 하나님을 찾으라는 뜻입니다. 하나님은 내 밖에 계시는 것이 아닙니다. 명상을 통해서, 내 안에 이미 와 계시는 하나님을 만나야 합니다.

나를 똑바로 알려면 명상을 해야 합니다. 명상을 하다 보면 자신이 누구인지 알게 되고, 명상을 통해서 마음이 정화되고 고요해지면 참된 자아를 만나게 됩니다.

붓다도 예수도 장자도 명상을 통해서 궁극적인 해답을 얻었습니다. 명상은 단순히 마음을 평화롭게 하는 것에 그치지 않습니다. 명상을 제대로 하게 되면 자신의 본성을 깨닫게 되고 궁극에 도달하게 됩니다.

## 판단과 해석의 위험성

아프리카의 어느 종족은 큰 죄를 지은 사람에게 사형선고를 내리는 방식이 색다릅니다. 죄인을 죽이는 게 아니라 그를 그가 사는 사회에서 추방합니다. 총살형도 없고, 교수형도 없고, 단두대도 없습니다. 다만 추방만 할 뿐입니다. 그러면 그 사람은 몇 주일 안에 스스로 죽는다고 합니다. 그 사회에서는 추방이라는 것이 곧 죽음을 의미하기 때문입니다.

우리 사회에서 자살을 시도하는 사람들의 경우도 이와 비슷할 것입니다. 사업에 실패하거나, 시험에 떨어지거나, 실연을 당하거나, 병이 들면 심한 좌절감 속에서 자살을 합니다. 사업에 실패해도 그것에서 교훈을 얻고 다시 도전하는 사람이 얼마든지 있습니다. 실연을 당하여 자살을 선택한 사람도 있지만, 그것을 잊어버리고 새롭게 출발하는 사람도 있습니다.

실패나 실연 그 자체가 아니라 그것에 대한 해석과 판단이 관건입니다. 사업실패 때문이 아니라 그것에 대한 내 부정적인 판단 때문에 괴롭고, 실연이나 병 때문이 아니라 그것에 대한 내 부정적인 해석 때문에 괴로운 것입니다.

여행을 가기로 한 날 비가 와서 취소되었을 때, 기분이 나쁜 것은 날씨 때문인가요, 아니면 그에 대한 나의 해석 때문인가요? 비 때문이 아니라 내가 내린 해석 때문입니다. 어떤 사람과 약속을 했는데 상대편에서 갑자기 취소를 할 경우에 화가 나는 것은 약속의 취소 때문이 아니라 내가 내린 해석 때문입니다.

이처럼 자신의 생각에 깨어 있지 않으면 판단하고 해석하고 분석하면서 늘 자신을 괴롭히게 됩니다. 그리고 그 안에 갇히게 됩니다. 스스로 부정적으로 해석을 해놓고, 그 해석에 따라 행동하게 됩니다.

## 그대가 '참나'다

"빛이 비치면 어둠이 사라지는 것과 마찬가지로, 스스로 빛을 발하는 참자아를 깨달으면 모든 어둠과 무지와 슬픔이 저절로 사라진다. 그대가 참자아이다. 그대가 참자아 자체이다."

'20세기 인도의 성자'로 불리는 인도의 스리 라마나 마하리쉬가 참나에 대해 했던 말입니다. 참나를 찾으면 세상을 사는 방식이 달라집니다. 참나를 찾은 사람은 평온합니다. 내면의 등불을 가지고 살기에 삶과 죽음을 걱정하지 않습니다. 참나를 찾은 사람은 구름에 달 가듯이 살고, 물 흐르듯이 흘러갑니다.

참나를 발견한 사람은 불필요한 욕망과 집착으로 괴로워하지 않습니다. 참나로 살면 마음속에 갈증과 허기가 없습니다. 불만족과 결핍감과 부족감을 느끼지 않고, 기쁘고 충만한 삶을 살게 됩니다.

그래서 내면에서 참나를 찾아야 합니다. 항상 보석처럼 빛나고 있는 참나를 만나야 합니다. 번뇌 망상과 욕망과 집착에서 벗어나면 참나를 만나게 됩니다. 마음을 비우고 내려놓아 참나를 만날 수 있는 환경을 만들어야 합니다. 구름 뒤에 항상 밝은 태양이 빛나고 있는 것처럼, 참나는 항상 지금 여기에서 빛을 발하고 있습니다.

## 생각은 허구다

깨어 있지 않으면 자기 생각에 속게 됩니다. 나도 마음공부를 하기 전에는 바보처럼 늘 생각에 속고 살았습니다. 생각에 속지 않기 위해서는 '내가 무슨 생각을 하는가?' 하고 자신의 생각을 늘 관찰해야 합니다. 생각은 현실도 아니고 사실도 아닙니다. 생각은 허구입니다. 그런데 생각에 빠져 있을 때는 그것이 사실처럼 느껴지고 진짜처럼 여겨진다는 것이 문제입니다.

타인으로부터 욕을 얻어먹으면 한참 지나서도 그 일을 생각하면서 다시 속을 끓이며 화를 내게 됩니다. 하지만 그것은 이미 지나간 과거이며, 마음속에 영상과 함께 떠오르는 기억이자 생각일 뿐입니다. 그것이 자신의 '생각'임을 알아차리지 못하면 그 생각에 스스로 다치게 됩니다.

생각은 때로 비수보다 더 아프게 나를 찌릅니다. 욕을 먹은 사람은 욕먹은 것 때문에 화가 나는 게 아니라 욕먹었다는 생각 때문에 화가 납니다. 실패한 사람은 실패 때문에 괴로운 것이 아니라 실패했다는 생각 때문에 괴롭습니다. 그러나 오랜 친구에게 전화가 와서 잠시 즐거운 대화를 나누고 나면, 자신을 괴롭혔던 그 생각이 어느새 사라지고 없습니다.

이처럼 생각은 허구입니다. 생각이 허구요 가짜라는 걸 알아차려야 생각에 속지 않게 되고, 생각에 다치지 않게 됩니다. 우울증 환자들은 과거의 아픈 기억을 떠올리거나 미래를 부정적으로 상상하면서 우울증을 키워가곤 합니다. 반면 그런 생각들로부터 벗어나면 우울증도 개선이 됩니다. 대부분의 고통은 생각이 만들어내기 때문입니다.

생각은 감정을 동반합니다. 기분 좋은 생각은 좋은 감정을 불러일으켜서 건강에 좋은 호르몬을 분비하게 하지만, 부정적인 생각은 부정적인 감정을 불러와서 건강을 해치는 호르몬과 화학물질을 분비하게 합니다.

세상을 평온한 상태에서 경험해야 합니다. 부질없는 생각에서 벗어날 때 마음이 평온해지고, 지금 이 순간을 온전히 살 수 있게 됩니다. 우리 마음은 잠깐만 방심해도 쓸모없는 생각으로 인해서 혼란스러워집니다. 내 마음을 내가 관찰하지 않으면, 초대하지 않은 생각들에 점령당해서 순식간에 아수라장이 되고 맙니다. 깨어 있지 못하고 생각나는 대로 끌려다니다 보면, 과거의 아픈 기억이나 생각하고 싶지 않은 고통의 수렁 속으로 빠져들게 됩니다.

생각이 일어나는 것을 막을 수는 없지만, 거기에 말려들지 않고 조절할 수는 있습니다. 과거에 충격을 받거나 상처받았던 기억을 생각하며 괴로워하다가도, 그런 자신을 알아차리고 주의를 다른 생각으로 옮겨가면 곧 괴로움이 사라집니다.

생각의 습관으로부터 벗어나야 합니다. 생각에도 일정한 패턴이 있습니다. 내가 무슨 생각을 하는지 매일 메모해보면 내 생각의 패턴을 알게 되고, 그것을 알게 되면 내 삶의 문제점이 무엇인지도 깨닫게 됩니다.

반복적으로 일어나는 생각을 알아차려야 합니다. 반복해서 일어나는 생각에는 대개 두 가지 이유가 있습니다. 하나는 마음이 괴롭기 때문에 빨리 해결을 바라기 때문이고, 또 하나는 무언가에 집착하고 있기 때문입니다.

생각의 지배에서 벗어나려면 생각을 알아차려야 하고, 마음의 평화를 유지하려면 부정적인 생각을 하지 말아야 합니다. 부정적인 생각 때문에 우울해지고 화가 난다면, 그 생각을 얼른 알아차리고 긍정적으로 돌려야 합니다. 생각에서 해방되면 마음의 짐이 사라져서 삶이 한결 가벼워집니다.

## 깨어 있음의 이득과 효과

명상은 깨어 있는 존재의 꽃입니다. 늘 깨어 있는 사람이 성자요 부처요, 예수 그리스도입니다. 우리는 순간순간 깨어 있어야 합니다. 그것이 인생을 가장 잘 사는 비결입니다.

몇 년 전에 도시에 사는 70대 후반의 어떤 노인이 무기력한 모습으로 저에게 아무런 희망이 없다고 하소연을 하였습니다. 우리는 연세가 많은 노인이다 보니 당연히 희망이 없었을 것이라고 생각하기 쉽습니다. 하지만 그 노인이 깨어 있는 법을 알았다면 그런 말을 하면서 무기력하거나 우울해하지 않았을 것입니다.

깨어 있으면 마음이 평온해집니다. 깨어 있게 되면 항상 지금 이 순간을 생생하게 알아차리고 경험하기 때문에 마음이 평온합니다. 과거나 미래를 살지 않고 늘 현재를 살기 때문에 망상과 걱정이 일어나지 않습니다.

깨어 있으면 마음속의 갈증이 사라집니다. 우리는 무엇인가를 좇으면서 항상 마음속에서 심리적인 갈증과 허기를 느끼면서 살아갑니다. 하지만 지금 이 순간을 사는 사람은 마음이 평온하기 때문에 그런 심리적인 갈증과 허기를 느끼지 않습니다.

깨어 있으면 마음의 상처가 아물게 됩니다. 깨어 있지 못하면 지나간 과거에 받았던 상처를 되새김질하면서 아픔 속에서 살아가기 쉽습니다. 하지만 깨어서 늘 지금 이 순간만 사는 사람은 깨어 있는 기쁨 속에서 살고, 과거를 잊어버리고 살기 때문에 마음속의 상처와 아픔이 차츰 치유됩니다. 깨어 있으면 사는 것이 기쁘고 즐거워집니다.

우리는 열심히 산다고 하면서도 무엇인가 빠진 것 같은 결핍감과 늘 채워지지 않는 불만족 속에서 살아갑니다. 하지만 깨어 있으면 그런 마음이 사라지고, 사는 것이 기쁘고 즐거워집니다.

깨어 있으면 쓸데없는 짓을 안 하게 됩니다. 우리는 살아가면서 안 해도 되는 쓸데없는 짓을 하면서 시간을 낭비하는 경우가 있습니다. 깨어 있으면 늘 자신이 무슨 짓을 하는지 살펴보고 있기 때문에 쓸데없는 짓을 하지 못하게 됩니다.

깨어 있으면 잡생각과 걱정이 사라집니다. 우리는 종일 오만 가지 생각을 하고 장래에 대한 근심과 걱정으로 마음이 어지럽고 여러 가지 감정을 경험합니다. 하지만 늘 깨어서 지금 이 순간을 살게 되면 잡생각과 근심 걱정이 사라지게 됩니다.

깨어 있으면 나쁜 습관에서 벗어나게 됩니다. 사람들은 무의식적으로 나쁜 습관에 빠져서 소중한 인생을 허비하는 경우가 있습니다. 오락, TV, 인터넷, 핸드폰에 너무 빠져서 살다 보면 인생이 피폐해집니다. 하지만 깨어 있으면 그런 비생산적인 일에 빠지지 않게 됩니다.

깨어 있으면 집착에서 벗어나게 됩니다. 살아가다 보면 자신도 모르게 어떤 사람이나 어떤 것에 집착하게 됩니다. 그래서 그 집착으로부터 고통을 받게 됩니다. 하지만 깨어서 지금 여기를 사는 사람은 집착하고 있다는 것을 알아차리고 벗어나게 됩니다.

깨어 있으면 집중력이 좋아지고 창의력이 생기게 됩니다. 늘 깨어서 현재만을 사는 사람은 정신이 통일되어 있기 때문에 집중력이 좋아지고, 마음이 평온하고 고요하기 때문에 창의력이 생기게 됩니다.

## 명상하기 좋은 때

"마음을 살피는 한 가지 일이 내 삶 모두를 이끈다."

달마대사의 《관심론觀心論》에 나오는 구절입니다. 관심觀心은 본래의 마음을 아는 것입니다. 어떤 생각에 사로잡혀 있는가를 알아차리는 것입니다. 또한 관념의 함정에서 벗어나, 고통받을 내가 없음을 깨닫는 것입니다. 그것이 관심법의 핵심입니다.

이를 위해 항상 내가 나를 주시하고 관찰하는 것이 명상입니다. 지금 내가 무슨 짓을 하고 있는지 알아차립니다. 내가 지금 무슨 생각을 하고 있는지 알아차립니다. 내가 어떤 감정에 빠져 있는지 알아차립니다. 내가 어떤 느낌에 젖어 있는지 알아차립니다. 이처럼 자신의 마음작용을 알아차리고 관찰하는 힘이 생기면 많은 변화가 생기기 시작합니다.

화가 날 때, 우울하거나 슬플 때, 기분이 나쁘거나 가라앉을 때, 사는 게 재미가 없고 의미가 없다고 느껴질 때, 불안하고 두려울 때, 좌절감이나 상실감을 느낄 때, 스트레스가 많다고 느껴질 때, 그때가 바로 가장 명상하기 좋은 때입니다. 자신의 마음을 적나라하게 관찰할 수 있는 기회이기 때문입니다.

그 마음 자체를 명상의 대상으로 삼으십시오. 화가 나면 화를 명상의 주제로 삼으십시오. 우울할 때는 우울을 명상의 주제로 삼고, 허무감이 들면 허무감을 명상의 주제로 삼아서 공부를 하는 게 좋습니다.

그 마음을 알람시계의 신호로 알아차려야 합니다. '지금 바로 명상을 하라는 신호구나' 하고 알아차리고 조용히 자기 자신과 대면하기 시작해야 합니다. 눈을 감고 자신의 마음을 들여다본 후, 그것을 있는 그대로 받아들이십시오. 천천히 호흡하면서 '왜 이런 마음이 일어나는가?' 하고 자신에게 물어보십시오.

약속장소에서 사람을 기다릴 때, 차를 기다릴 때, 전철이나 버스를 탔을 때도 명상하기 좋은 때입니다. 명상을 하는 사람은 일상의 모든 것을 명상의 기회로 삼습니다. 그 어느 때라도 마음의 평화에 금이 가거나 괴로움이 느껴진다면, 또는 지친 마음을 쉬고 균형을 되찾을 잠깐의 틈이 주어진다면, 그때를 절호의 기회로 삼아서 명상을 해야 합니다.

명상공부를 하는 사람은 종일 일상생활 자체를 명상의 기회로 삼습니다. 자신의 마음에서 일어나는 현상들을 관찰하다 보면 모두가 명상의 대상이 됩니다. 따라서 수행자에게는 명상공부하는 때가 따로 있는 것이 아니라 하루 24시간이 모두 명상하기 좋은 때입니다. 어느 때라도 마음의 평화에 금이 가거나 자신이 괴롭다고 느껴지면 그때를 절호의 기회로 삼아서 명상을 해야 합니다.

## 가슴의 소리를 따르라

"우리의 본성이 원하는 일을 하라. 내면에서 갈망하는 일을 하라. 내 가슴에서 나오는 소리에만 귀를 기울여라. 가슴은 결코 그릇된 길을 가르쳐주지 않는다. 우리가 읽어야 할 경전은 바로 우리의 가슴이다. 가슴에 귀를 기울일 때 집중해서 들어야 한다. 그러면 절대 잘못된 선택을 할 수 없다. 갈등에 빠질 염려가 없다. 가슴에 귀를 기울이면, 비로소 옳은 길로 방향을 옮겨가게 된다. 굳이 무엇이 옳고 그른지 생각할 필요도 없다. 내 삶의 비밀을 여는 열쇠는 가슴에 있다. 깨어 있는 마음으로 가슴의 소리를 들으라. 가슴이 알려주는 대로 가슴이 이끄는 대로 따라가기만 하면 된다."

명상가 오쇼는 가슴의 소리를 들으라고 강조했습니다. 대부분이 사람들은 머리 위주로 살기 때문에 가슴의 소리를 듣지 못합니다. 항상 생각 속에 빠져서 판단하고 해석하고 비교하고 분석하느라 바쁩니다. 하지만 머리의 계산과 판단은 이기적이고 자기중심적인 결론을 내리기 쉽습니다. 그래서 자신의 삶에 도움이 되지 않는 행동을 하게 되는 경우가 많습니다.

우리는 자기 가슴의 소리를 들을 줄 알아야 합니다. 어떤 고민이 생길 때, 무엇인가를 선택해야 하거나, 무슨 판단을 해야 할 때, 머리를 굴려서 이것저것 따져보고 결정하지 말고 가슴의 소리부터 들으십시오. 가슴의 소리는 홀로 자신의 내면 깊숙이 들어가야만 들을 수 있습니다. 그 소리가 바로 내 영혼의 외침입니다. 그 소리를 자주 들어야 영혼과 일치된 삶을 살 수 있습니다. 가장 내실 있고 충만한 삶을 살 수 있습니다.


## 빗소리 명상


"밤에 홀로 숲속에 앉아 있는 것은 얼마나 신비한 일인가. 이 순수한 빗소리. 그것은 세상에서 가장 뛰어난 연설. 마음을 위로해주는 더없이 완벽한 설교. 빈자리마다 흘러가는 저 물의 이야기는 아무도 그것을 시작하지 않았고 아무도 그것을 그치게 하지 못한다. 비는 자신이 원할 때까지 말을 할 것이고, 그것이 말을 하고 있는 한 나는 귀 기울여 들으리라."

토머스 머튼Thomas Merton 신부가 혼자 빗소리를 들으면서 지었던 시입니다. 그는 빗소리를 들으며 큰 희열을 느꼈습니다. 불교에도 무정설법無情說法이라는 말이 있습니다. 무정물인 자연이 설법을 한다는 의미입니다. 토마스 머튼의 말대로, 자연이 내는 빗소리 그 이상의 완벽하고 뛰어난 연설이 있을 수 없습니다. 그는 "저 물의 이야기는 아무도 그것을 시작하지 않았고 아무도 그것을 그치게 하지 못한다"고 노래했습니다. 그는 빗소리에 깊이 빠져서 시간과 공간을 초월한 것입니다.

그는 빗소리에 심취되어 있는 그 순간 온전히 우주와 합일하여 깊은 희열을 느꼈을 것입니다. 나도 십수 년 전에 산골 마을에서 혼자 지낼 때 그런 환희를 자주 맛보았습니다. 비가 내리면 창문을 열고 빗소리를 초대했습니다. 마당에 떨어지는 빗방울을 바라보고 숲에 내리는 빗소리를 듣고 있으면, 잔잔한 희열이 무지개처럼 피어오르고 마음은 충만해졌습니다. 눈이 오면 대숲에 나가서 '사르륵사르륵' 내리는 눈 소리를 듣고, 바람이 부는 날이면 산에 올라 온몸으로 바람을 맞곤 하였습니다.

생각을 접어두고 자연 속에서 지내다 보면 자신도 모르게 명상 속으로 빠져들게 됩니다. 홀로 오솔길을 걷고, 흐르는 강물을 바라보고, 들녘을 서성이다 보면 저절로 마음이 평온해지고 정화됩니다. 충만해진 상태에서 가장 순수한 본래의 나를 만나게 됩니다. 세상 그 어디에서도 느낄 수 없는 큰 희열과 깊은 행복에 젖습니다.

이처럼 홀로 고요하고 한적한 자연 속에서 지내는 것 자체가 훌륭한 명상입니다. 하지만 그럴 기회를 만들기 어렵다고 해도 실망할 필요가 없습니다. 도시에서도 누구나 빗소리에는 귀를 기울일 수 있기 때문입니다. 비가 오는 날 조용한 공원이나 호숫가, 뒷산의 산책로를 걸으며 빗소리를 들어보시기 바랍니다. 빗소리에 온통 젖어 있을 때 진정한 나와 만나게 될 것입니다.

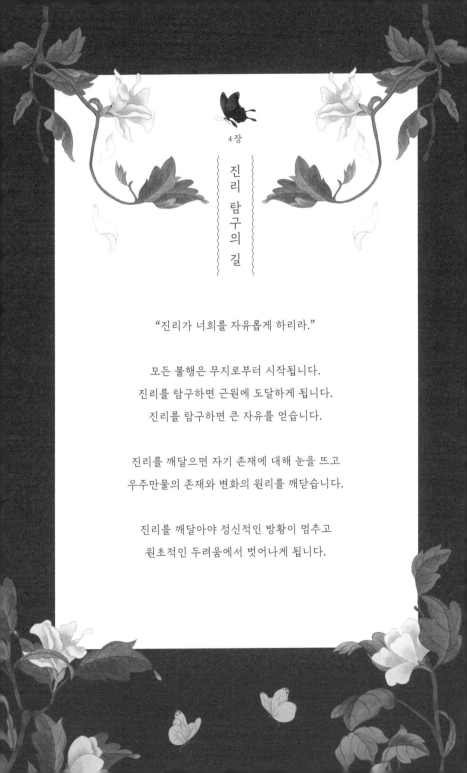

4장

진 리 탐 구 의 길

"진리가 너희를 자유롭게 하리라."

모든 불행은 무지로부터 시작됩니다.
진리를 탐구하면 근원에 도달하게 됩니다.
진리를 탐구하면 큰 자유를 얻습니다.

진리를 깨달으면 자기 존재에 대해 눈을 뜨고
우주만물의 존재와 변화의 원리를 깨닫습니다.

진리를 깨달아야 정신적인 방황이 멈추고
원초적인 두려움에서 벗어나게 됩니다.

# 생활 속의 중도

중도中道란 양극단에 치우치지 않는 바른길을 의미합니다. 더 나아가서 양극단의 융합을 뜻하며, 결국은 모두가 하나라는 뜻이기도 합니다.

중도를 가장 적절하게 상징하는 것이 원圓입니다. 원은 둥글기 때문에 모서리가 없습니다. 중도는 모서리가 없는 원과 같습니다. 그래서 모든 면과 닿아 있고, 막힘없이 모두와 통합니다. 우주는 중도의 다른 표현입니다. 우주는 중도이기 때문에 아무런 차별도 없이 뭇 생명에게 자양분을 주면서 원융무애圓融無碍한 생명 활동을 끝없이 이어갑니다.

중도에서 보면 선이 곧 악이고, 악이 곧 선입니다. 옳음이 그름이고, 그름이 옳음입니다. 낮이 밤이고, 밤이 낮입니다. 다시 말하면 선 속에 악이 있고 악 속에 선이 있으며, 옳음 속에 그름이 있고 그름 속에 옳음이 있으며, 낮 속에 밤이 있고 밤 속에 낮이 있습니다. 그래서 하루 중에서 밤과 낮이 함께 공존하는 새벽과 저녁이 가장 아름답습니다. 그 시간에 자연과 생명체는 공명합니다. 그 시간에 맞춰 새들은 노래를 하고, 꽃잎도 스스로를 열었다 닫았다 합니다.

중도는 있고 없음을 떠나 있습니다. 있으면서 없고, 없으면서 있습니다. 그래서 삶과 죽음을 동시에 포용합니다. 삶속에 죽음이 있고, 죽음 속에 삶이 있습니다.

중도는 좋고 싫음도 떠나 있습니다. 좋음 속에 싫음이 있고, 싫음 속에 좋음이 있습니다. 좋은 것이 싫은 것으로 변하기도 하고, 싫은 것이 좋아지기도 하는 것이 세상 이치입니다.

중도는 애증을 떠나 있습니다. 사랑 속에 미움이 있고, 미움 속에 사랑이 있습니다. 사랑하다가 미워하게 되고, 미워졌다가 사랑하게도 됩니다. 중도는 사랑과 미움을 함께 머금습니다.

중도는 미추를 떠나 있습니다. 아름다움 속에 추함이 있고, 추함 속에 아름다움이 숨어 있습니다. 아무리 아름다운 꽃도 추하게 지기 마련이고, 아무리 아름다운 여인도 추하게 늙기 마련입니다.

중도는 생사를 떠나 있습니다. 중도에서는 삶과 죽음이 하나입니다. 삶 속에 죽음이 있고 죽음 속에 삶이 있습니다. 생사를 초월한다는 것은 바로 이 뜻입니다.

중도는 하늘에 높이 뜬 아름다운 보름달과 같습니다. 완전한 원을 이루는 보름달이 뜨면, 개구리와 두꺼비는 그 시간에 맞춰서 짝짓기를 합니다. 왜 만월에 생명들이 이렇게 반응을 할까요? 중도가 통합의 의미를 품고 있기 때문입니다.

중도는 우주의 질서요, 자연의 법칙이며, 신의 섭리입니다. 양陽과 음陰이 하나가 될 때 비로소 신비로운 생명이 탄생하듯이, 중도는 통합의 기운입니다. 중도는 생명을 만들고, 살리고, 키워내는 기운입니다. 또한 어느 한쪽에 서지 않고 중립적인 입장에서 문제를 해결해가는 삶의 지혜이기도 하고, 모두를 함께 아우르며 치유로 나아가는 인생철학이기도 합니다.

세상에는 수많은 갈등과 대립이 있습니다. 그중에서도 가장 심각한 것이 종교 갈등, 이념 갈등, 인종 갈등입니다. 그러한 대립으로 세상은 늘 시끄럽습니다. 이런 갈등을 해결할 수 있는 가장 위대한 철학이 바로 중도입니다. 왜냐하면 중도에는 내 편이나 네 편이 따로 없기 때문입니다.

중도의 삶을 사는 사람은 자기만이 옳다고 떠들거나 남과 다투지 않습니다. 중도는 생사와 선악과 시비 등 모든 분별과 차별을 초월합니다. 중도는 좌가 우가 되고, 우가 좌가 되는 것을 의미합니다. 세상 사람들은 중도를 모르기 때문에 '내가 옳다. 네가 그르다' 하며 싸웁니다.

중도의 철학을 지닌 사람은 저절로 사랑을 실천하게 됩니다. 인仁과 자비를 실천하게 됩니다. 중도는 상대방에 대한 존중이요 배려이며 타협의 정신입니다. 중도를 아는 사람만이 대립과 다툼에서 벗어나 평화를 지킬 수 있습니다.

중도를 알면 온 세계가 하나요, 자타自他가 모두 하나라는 것을 깨닫게 됩니다. 나는 '나 아닌 것'으로 이루어져 있고, 남은 나의 다른 이름일 뿐이라는 것을 깨닫게 됩니다.

## 자연은 나의 종교다

자연은 나의 종교요 신입니다. 자연은 나의 하느님이요 부처님입니다. 자연만큼 위대한 스승은 없습니다. 자연을 제대로 알면 모든 문제가 해결됩니다. 자연을 정확하게 이해하면 인생의 문제가 모두 풀립니다.

자연의 법칙과 섭리를 알면 삶과 죽음의 문제도 모두 끝이 납니다. 그래서 노자는 자연의 작용을 도道라고 하였습니다. 노자는 "사람은 땅을 따르고, 땅은 하늘을 따르고, 하늘은 도를 따르고, 도는 자연을 따른다"고 하였습니다. 한문으로는 인법지人法地 지법천地法天 천법도天法道 도법자연道法自然입니다.

'도법자연'이란 자연의 법칙과 우주의 질서에 순응하고, 대자연과 함께 호흡하면서 타고난 본성대로 살아간다는 뜻입니다. 도법자연은 '저절로 그러한' 자연과 일치된 삶을 말합니다. 그렇게 살기 때문에 편안하고 행복합니다.

나는 자연입니다. 자연에서 와서 자연에서 살다 자연으로 돌아갑니다. 따라서 불생불멸이요 불래불거不來不去입니다. 나는 자연의 일부입니다. 자연은 스스로 그러하기 때문에, 자본자근自本自根하면서 자생자화自生自化합니다.

자연은 어떤 존재가 그렇게 하라고 시켜서가 아니라 저절로 그렇게 되어지는 것입니다. 자연은 자기 조직성의 원리에 따라서 스스로 생겨나고, 스스로 변화하고, 스스로 소멸합니다.

그렇게 천변만화千變萬化하면서 끝없이 생명력을 이어갑니다.

수억 겁의 세월 동안 이 세상에 헤아릴 수 없이 많은 사람들이 태어났다가 사라졌고, 헤아릴 수 없이 많은 동물과 식물들이 생겨났다가 사라졌습니다. 이렇게 우주 대자연 속에서는 끝없이 생성과 변화와 소멸이 이어지고 있습니다. 꽃이 피었다 지면 어디로 가고, 새나 고양이나 개가 죽으면 어디로 갈까요? 그들은 어디로 가지 않습니다. 자연의 섭리에 따라서 자연 안에서 생겨나고 변하고 사라집니다. 모습은 바뀌어도 본성은 변함이 없습니다. 수많은 모습으로 변화하면서 대를 이어서 생명력을 이어갈 뿐입니다.

나는 단 한 번도 천지만물과 분리된 적이 없습니다. 파도는 생멸하지만 바다는 영원합니다. 세포의식은 개체의식으로 이어지고, 개체의식은 숨이 끊어지는 순간 우주의식으로 이어집니다. 마치 빗방울이 떨어져서 바다가 되듯이, 우리의 본성인 순수의식은 본래 우주의식입니다.


## 나는 우주다

나는 우주입니다. 단 한 번도 우주에서 벗어난 적이 없습니다. 우주에서 와서, 우주에서 살다가, 우주로 돌아가는 존재입니다.

나는 우주입니다. 나는 우주로 이루어진 존재입니다. 나는 소우주입니다. 나비가 나비이면서 그대로 우주이듯이, 나도 사람이면서 그대로 우주입니다. 나비는 우주 안에서 태어나서 우주의 기운으로 살다 다시 우주로 돌아갑니다. 나비는 우주에서 분리된 적이 단 한 번도 없습니다. 꽃은 꽃이면서 그대로 우주입니다. 꽃도 우주에서 와서 우주에서 살다가 다시 우주로 돌아갑니다. 꽃도 우주에서 분리된 적이 없습니다. 꽃과 나비 속에는 해와 달과 별이 있고, 구름이 있고, 바람이 있고, 불도 있습니다. 마찬가지로 내 속에는 해도 있고, 별도 있고, 땅도 있고, 바람도 있고, 물도 있고, 불도 있습니다.

이 세상에 저 혼자의 힘만으로 존재할 수 있는 생명체는 아무도 없습니다. 꽃이 혼자의 힘만으로 피고 질 수 없습니다. 꽃이 피려면 햇볕과 공기와 땅과 바람이 필요하고 온도가 적당해야 합니다. 새가 저 혼자의 힘으로 날 수 없습니다. 나무와 숲이 있어야 하고, 먹이가 있어야 합니다.

나도 나 자신만의 힘으로 생존할 수 없는 존재입니다. 우주 삼라만상이 한 송이의 꽃으로 이루어져 있다고 말하는 대승불교의 화엄華嚴사상처럼, 삶과 죽음 등 변화하는 모든 생명현상은 우주가 함께 부르는 합창이요 우주가 함께 피워낸 아름다운 꽃입니다. 내가 존재하려면 해와 달과 별과 지구가 있어야 하고, 조상이 있어야 하고, 여러 식물들이 있어야 하고, 다른 동물들도 있어야 하고, 수많은 사람들도 있어야 합니다. 그래야 내가 이 땅에서 살아 숨을 쉬면서 존재할 수 있습니다.

나는 매 순간 숨을 마시고 내쉬면서 살아갑니다. 수시로 물을 마시고, 음식을 먹으면서 살아갑니다. 이렇게 '나'라는 존재는 우주와 직접적으로 연결되어 있습니다. 잠시라도 우주와 연결이 끊기면 내 생명도 이내 끝이 납니다. 인간은 의존적인 존재입니다. 땅과 하늘에 의존하고 타인에게 의존하면서 살아갑니다. 나는 지구별에서 살면서 태양과 별에서 보내는 에너지와 땅에서 나온 음식의 에너지를 공급받으면서 살아갑니다.

나는 여러 원소들과 에너지와 의식으로 이루어진 존재입니다. 내 육체는 우주에 떠다니는 수많은 원소들의 결합으로 이루어졌습니다. 목숨이 끊어지면 그 원소들은 다시 우주 허공 속으로 흩어지게 됩니다. 태어날 때 생겨난 음양의 에너지는 흩어져서 다시 우주의 에너지로 돌아가게 됩니다.

나의 생명은 우주에서 온 것입니다. 하나의 달이 수천 개의 호수와 강물에 뜨는 것처럼, 하나의 우주의식에서 분화한 개체의식이 내 몸 안에 자리 잡게 된 것입니다. 내 목숨이 끊어지면 나는 태어나기 이전의 원래 상태로 돌아갑니다. 하늘에서 떨어진 빗방울이 다시 바다로 돌아가듯이, 내 삶을 운용한 의식도 분화되기 이전의 우주의식으로 돌아가게 됩니다.

이렇듯 내 생명은 없어지는 것이 아니라 근원으로 돌아가 영원히 이어집니다. 우주는 무궁무진한 에너지가 소용돌이치면서 끝없는 생명 활동을 합니다. 나라는 존재는 그 거대한 대양에서 수시로 생겼다가 사라지는 물거품이요, 부유하는 먼지에 불과합니다.


## 도의 체득에 대하여


《채근담菜根譚》의 저자 홍자성洪自誠은 중국 명나라 말기의 사람으로, 과거시험에 낙방한 후 입신출세를 꿈꾸지 않고 오직 공부만 했던 사람입니다. 그는 청렴한 생활을 하며 인격을 수양했습니다. 그는 권세와 부귀영화를 좇지 말고 도道를 좇는 삶을 살라고 하였습니다. 그는 마음과 도의 체득에 대해서 이렇게 말했습니다.

> 고요한 때에 생각이 맑으면
> 마음의 참된 모습을 볼 것이요,
> 한가한 때에 기상이 조용하면
> 마음의 참된 활동을 알게 될 것이며,
> 담담한 가운데 취미가 깨끗하면
> 마음의 참된 맛을 얻게 될 것이니,
> 마음을 성찰하여 도를 체득하는 데는
> 이 세 가지보다 더 나은 것이 없다.

이것이 마음의 참모습을 알고 도를 체득하는 세 가지 요건입니다. 도는 보이지 않고 붙잡을 수도 없습니다. 도는 지식으로 알 수 없고, 생각이나 문자로도 알 수 없습니다. 오직 마음공부를 통해서 깨달을 수 있습니다.

마음이 평온하고 고요해지면 마음의 본바탕을 볼 수 있습니다. 생각의 노략질이 사라져서 마음이 고요해지면, 바람이 일어 출렁거리던 물결이 가라앉을 때 호수가 잔잔해지듯이 마음도 그 본바탕을 드러냅니다.

마음이 한가할 때 즐거움과 함께 기쁨이 피어오릅니다. 마음이 바쁘고 어떤 일에 쫓기면 즐거움을 느끼지 못하지만, 마음이 한가해지면 자연스럽게 행복을 느끼게 됩니다.

마음이 담담해지면 깊은 평온감에 휩싸이게 됩니다. 기쁨도 즐거움도 사라지고, 들뜸과 가라앉음도 없습니다. 이 깊은 평온감이야말로 마음의 참맛입니다.

명상에서도 마찬가지입니다. 처음에는 산란한 마음이 명상을 방해합니다. 하지만 시간이 흐를수록 마음은 점차적으로 평온해집니다. 마음이 고요해지면서 희열을 느끼게 되고, 더 깊은 무의식의 세계로 들어가면 희열마저 사라져 오직 평온함만 남게 됩니다. 즉 명상을 통해서 마음을 깨끗하게 하고, 평온하게 하고, 담담하게 하면 저절로 도를 체득하게 되는 것입니다.

## 무심의 세계

꽃은 무심히 피고 집니다. 구름은 무심하게 흘러가고 바람은 무심히 왔다 갑니다. 달은 무심히 떴다 지고, 해는 무심히 세상을 비춥니다. 강물은 무심히 흘러가고 계절도 무심히 왔다갑니다.

걸을 때 무심하게 걷고, 차 한 잔을 마실 때도 무심하게 마시고, 무심히 하늘과 산을 보고, 무심히 햇살을 느껴보고, 무심하게 바람결을 느끼고, 무심하게 석양을 바라봅니다.

우리는 가끔씩 '무심'할 줄 알아야 합니다. 무심하게 살면 새로운 세상을 경험하게 됩니다. 내면에 있는 무심의 바다로 들어가야 합니다. 무심하면 마음의 바깥으로 나오게 됩니다. 무심하면 나로부터 벗어나게 됩니다. 생각이 없는 세상, 내가 빠져버린 세상은 경이롭습니다.

우리는 대부분 내가 생각으로 만들어낸 세상 속에서 살아가고 있습니다. 우리는 단 한 순간도 생각을 멈추지 못하고 살아갑니다. 생각이 꼬리에 꼬리를 물고 끊임없이 계속 이어집니다. 그래서 늘 마음이 들뜨거나 가라앉거나 슬프거나 불안하거나 두렵습니다.

이러한 마음의 작용을 쉬는 것이 무심 명상입니다. 마음이 없으면 내가 없고, 내가 없으면 세상은 있는 그대로 완전합니다. 내가 마음으로 분별하면서 세상의 온갖 괴로움을 만들어내고 있기 때문입니다.

내가 없는 세상은 절대적으로 평화롭습니다. 우리는 무심을 통해서 이 세계를 경험할 수 있습니다. 무심의 세계는 내가 태어나기 이전의 자리요, 내가 이 세상에서 사라진 후에 다시 돌아가야 할 자리입니다. 더 나아가 우리 인류가 태어나기 이전의 자리이며, 태초의 우주가 생기기 이전의 자리이며, 모든 것을 있게 한 근원의 자리입니다.

무심의 경지에 들어가야 비로소 깨달을 수 있습니다. 그 세계는 머리로 이해하려 하고 관념적으로 접근해서는 알 수가 없습니다. 직접 수행을 통해서 몸으로 체득해야 합니다. 그래서 구도자는 늘 무심통無心通을 통해서 안심입명을 얻습니다.

무심을 수행하면 점차 두려움이 줄어듭니다. 모든 두려움은 내가 만들어내는 것입니다. 생각을 쉬게 하여 내가 사라지고 나면 두려움도 있을 자리가 없기 때문입니다.

무심한 상태로 지내다 보면 내면에서 깊은 평화를 느끼게 됩니다. 잔잔한 기쁨이 무지개처럼 피어오릅니다. 일찍이 경험해보지 못했던 충만함이 느껴집니다. 그래서 삶이 평화로워집니다. 내면에 깊은 평화의 샘물이 고여 있기 때문에, 밖에서 요란스러운 일이 일어나도 흔들림 없이 평온합니다.

## 장자의 깨달음의 경지, 오상아

《장자》〈대종사〉편에 이런 이야기가 나옵니다.

남곽자기南郭子綦가 책상에 기대어 앉아 하늘을 향해 '후' 하고 길게 숨을 내쉬었습니다. 멍한 모습이 꼭 자기의 몸을 잊은 것 같았습니다.

제자인 안성자유顏成子遊가 그 앞에 모시고 서 있다가 물었습니다. "어찌 된 일입니까? 육체란 본래 고목처럼 될 수 있고, 마음도 애초 불 꺼진 재가 될 수 있는 것입니까? 지금 책상에 기대신 모습이 예전에 기대고 계시던 모습과는 다릅니다."

남곽자기는 대답했습니다. "참으로 훌륭한 질문을 하는구나. 지금 나는 나 스스로를 잃어버렸다."

깊은 명상 상태에 빠진 스승이 마른 나무나 식은 재처럼 넋이 나간 모습을 하고 있는 것을 보고 제자가 어찌 된 거냐고 묻자, 스승은 "나는 지금 나를 잃어버렸다"라고 대답했습니다. 이처럼 깊은 명상의 상태에 들어간 사람은 의식마저 사라진 것처럼 보입니다.

인간의 모든 고통은 '나'로부터 비롯됩니다. '나'에게 붙잡혀 있기 때문에 시비분별이 생기고 욕망에 빠지고 집착을 하면서 고통 속으로 빠져들게 됩니다. 하지만 자아로부터 벗어나게 되면 어떤 것도 자신을 속박하거나 괴롭히지 못합니다.

'나를 잊는다(喪我)'는 말은 편견에 사로잡힌 아我를 버린다는 뜻입니다. 자타의 구분과 시비분별에서 벗어나 내면에서 영혼의 소리를 들으려면 그렇게 되어야 합니다. '상아(喪我)'는 공명심이 없을 뿐 아니라 '나'라는 의식조차 사라진 상태를 말합니다. 자기 초월의 경지에 도달하여, 개체의식에서 벗어나 우주의식으로 변화한 것입니다.

오상아(吾喪我)는 의미는 소아(小我)에서 벗어나 대아(大我)로 변화하는 것, 곧 에고의 사망을 뜻합니다. 여기서 오(吾)는 참된 나를 가리킵니다. 에고가 죽으면 참된 자아가 드러납니다.

이미 수천 년 전에 장자가 자아를 극복하는 것이 수양의 최고 경지라고 말했다는 사실이 놀랍습니다. 《장자》〈제물론〉편의 마지막 구절에 나오는 나비의 꿈 이야기는 '오상아'라는 질적인 변화를 통해서 물화(物化)의 경지, 즉 절대자유에 도달한 것을 표현하고 있습니다.

'상아'는 아주 깊은 수양을 통해 체득할 수 있는 단계입니다. 심리학적인 용어로 사용하면 에고의 지배에서 벗어나는 것을 말하고, 명상에서는 '가짜 나'에서 벗어나는 것을 뜻합니다. 수양을 해야 본성을 회복할 수 있습니다. 수양은 상처와 아픔을 치유하는 일이고, 자신을 정화하는 작업이며, 자신의 정체성을 확립하는 길이기도 합니다.

동서고금의 훌륭한 수양법들에는 종교와 문화를 초월한 공통점이 있습니다. 깨달음을 얻고, 신을 만나고, 생사를 넘어서기 위해서는 '나'를 초월해야 한다는 가르침이 그것입니다. 붓다도, 예수도, 장자도, 맹자도, 임제臨濟도, 오쇼도, 법정도 같은 주장을 한 것입니다.

## 사후세계가 없어도 행복한 삶

우리나라 사람들은 오랫동안 무속적 세계관의 지배를 받아왔으며, 현대에 들어서는 기독교의 세계관에 많은 영향을 받으며 살고 있습니다. 무속에서는 사람들이 죽으면 저승에 가서 염라대왕의 심판을 받게 된다고 하고, 기독교에서도 사람이 죽으면 신의 심판을 받아 천당이나 지옥에 간다고 합니다.

하지만 인지人智가 발달하고 과학이 발달하면서 점점 더 많은 사람들이 종교를 믿지 않게 되었습니다. 종교 인구가 줄고 있는 것은 전 세계적인 추세이며, 우리나라만 해도 종교를 가지고 있지 않은 사람들의 수가 절반을 훌쩍 넘어섰습니다.

사실 사후세계를 따지지 않아도 우리는 얼마든지 행복할 수 있습니다. 늘 깨어서 지금 이 순간을 살면 그 자체로 기쁘고 행복합니다. 명상의 핵심은 깨어 있는 것이고, 늘 깨어 있는 사람을 우리는 부처라고 합니다. 예수도 명상 수행자였습니다. 그는 깨어 있었기 때문에 "범사에 감사하고 항상 기뻐하라"고 하였습니다.

깨어 있는 방법은 명상을 통해서 몸으로 익혀야 합니다.

우리의 삶은 항상 지금 이 순간 속에 있습니다. '지금 여기'를 벗어난 그 어디에도 내 삶은 없습니다. 내가 지금 살아서 숨 쉬는 것, 눈으로 보는 것, 귀로 듣는 것, 코로 냄새를 맡는 것, 입으로 맛을 느끼는 것, 몸으로 감촉을 느끼는 것. 이렇게 오감을 통해서 생생하게 경험하는 것만이 진짜 내 삶입니다. 그 이외에 마음으로 그려낸 세계는 모두 가짜요 허구입니다.

사람들은 죽음을 두려워합니다. 그래서 천당과 지옥을 만들어냈습니다. 그것은 모두 상상으로 만들어낸 허구이고 관념일 뿐입니다. 사후세계는 '상상의 세계'이지 '실증의 세계'가 아닙니다. 깨어 있지 못하면 이처럼 무지몽매한 삶에 빠져들기 쉽습니다.

깨어 있는 사람은 과거나 미래를 살지 않고 현재만 삽니다. 깨달은 사람은 사후세계가 없어도, 의지할 종교가 없어도 행복합니다. 상대세계에서 살지 않고 절대세계에서 살기 때문입니다. 에고에 휘둘리지 않고 '참나'로 살기 때문입니다. 세상 모두가 나이며, 나는 애초부터 세상과 분리되지 않는 존재임을 알기 때문입니다. 나 자신이 우주요 자연 자체라는 것을 알기 때문입니다.

그래서 깨달음을 얻은 사람은 삶과 죽음을 둘로 보지 않고 하나로 봅니다. 그래서 붓다, 장자, 임제, 마하리쉬, 오쇼 등 깨달은 사람들이 죽음 앞에서도 당당하고 초연했던 것입니다. 신에 의존하지 않고 살았던 우리 조상들도 행복하게 살

왔고, 종교를 가지고 있지 않은 민족들도 잘 살고 있습니다.

종교에 의지하는 사람들은 마음속에 두려움이 있습니다. 따라서 그들은 어딘가에 의지하려 종교를 찾지만, 늘 깨어서 사는 사람이나 깨달음을 얻은 사람에게 종교는 별 의미가 없습니다.

참된 종교라면, 사후세계를 운운하며 사람들의 불안감과 두려움을 자극할 것이 아니라 지금 여기에 깨어서 사는 법을 안내해야 마땅할 것입니다. 그러나 대부분의 종교들이 신도들의 에고를 더욱 강화시켜 진리를 못 보게 하는 경향이 있어 안타깝습니다. 그도 그럴 수밖에 없는 것이, 종교 지도자들부터 눈먼 장님이 많은데 누가 누구를 제대로 인도하겠습니까?


## 왜 그들은 가난하게 살라고 했는가?


인류의 큰 스승인 소크라테스, 붓다, 예수, 공자, 장자, 디오게네스 등 성현들은 사람들에게 한결같이 가난하게 살라고 하였습니다. 그들은 말뿐만 아니라 실제로 가난한 삶을 살았습니다. 결코 부귀영화를 원하거나 부자가 되려고 하지 않았습니다.

예수는 가난했습니다. 말구유에서 태어나서 평생을 병들

고 가난한 사회적 약자들과 동고동락했습니다. 예수는 단 하루도 자신의 부귀와 영달을 위해서 살지 않았습니다. 예수는 "참새도 집이 있고 여우도 집이 있는데 나는 머리 둘 곳이 없다"고 하였습니다. "부자가 천국에 들어가기는 낙타가 바늘구멍을 통과하는 것보다 어렵다"고도 하였습니다.

어느 날 부자가 찾아와서 선생님의 길을 따르고 싶다고 하자 예수는 이렇게 말했습니다. "네가 완전한 사람이 되려거든 가서 너의 재산을 다 팔아 가난한 사람들에게 나누어주어라. 그러면 하늘에서 보화를 얻게 될 것이다. 그러니 내가 시키는 대로 하고 나서 나를 따라오너라."

붓다는 사시사철 산해진미를 먹을 수 있고, 아름다운 궁궐에서 젊은 궁녀들과 즐길 수 있고, 온갖 권세를 누릴 수 있는 부귀영화가 보장된 왕의 삶을 헌신짝 버리듯이 던져버리고 모두가 잠든 틈을 타서 야반도주하였습니다. 그는 출가한 후에 고된 수행을 통해 깨달음을 얻고도 평생 일정한 거처 없이 유랑, 걸식하면서 무소유의 삶을 살았습니다.

공자는 이렇게 말했습니다. "선비가 도에 뜻을 두고도 남루한 옷과 나쁜 음식을 수치로 여긴다면 함께 이야기를 나누기에 족하지 못하다."

그는 가난하게 사는 자신의 제자인 안회를 이렇게 격려했습니다. "어질구나. 한 소쿠리의 밥과 한 표주박의 물로 누추한 곳에 거처하며 산다면, 다른 사람은 그 근심을 견디어내지 못하거늘 즐거움을 잃지 않는구나."

그는 "거친 밥을 먹고 물을 마시고 팔베개를 하고 살더라도 즐거움이 또한 그 가운데 있는 것이니, 의롭지 않은 부귀는 나에게 있어 뜬구름과 같다"고 하면서 안빈낙도의 삶을 살았습니다.

그리스 철학자 디오게네스는 천하를 소유한 알렉산더를 비웃으며 걸인 같은 생활을 하였습니다. 하루는 그의 소문을 듣고 알렉산더가 디오게네스를 찾아갔습니다. 하지만 디오게네스는 왕이 행차했는데도 비스듬히 누운 채로 햇볕을 쬐고 있었습니다.

그런 당당함에 놀란 알렉산더는 이렇게 말했습니다. "선생, 나는 당신을 보고 단번에 감동했습니다. 그래서 당신을 위해 뭔가 해드리고 싶습니다. 무엇을 원하십니까?"

그러자 디오게네스는 전혀 뜻밖의 대답을 하였습니다. "아, 햇빛을 가리지 말고 조금만 옆으로 비켜 서주셨으면 합니다. 그뿐입니다."

그는 또 이렇게 말했습니다. "나는 아무것도 가진 것이 없다는 풍요로움을 누리고 있습니다. 진정한 마음의 평안은 많이 소유하는 것에서 얻어지지 않습니다. 적게 가진 것만으로도 만족하는 데에서 얻어집니다. 많이 구하면 당신의 갈망은 영원히 멈추지 않을 것입니다."

사람들은 누구나 가난과 천함을 싫어하고 부귀영화를 원

합니다. 그런데 왜 그들은 그렇게 가난하게 살라고 하였을까요? 소유에서 벗어나야 욕망과 집착으로부터 자유롭고, 욕망과 집착에서 벗어나야 참된 진리의 세계를 경험할 수 있기 때문입니다.

소유의 덫에서 벗어나면 온 우주가 내 것이 됩니다. 온전히 순간순간을 기쁨과 충만함 속에서 살게 됩니다. 한 줌도 안 되는 권력, 뜬구름 같은 명예와 돈에서 벗어나면 참으로 복되고 행복한 삶이 옵니다. 소유욕에서 벗어나면 자연스럽게 참된 진리를 깨닫게 됩니다. 그래서 언제 죽어도 여한이 없는 삶을 살게 됩니다.


## 수행의 목표는 깨달음이 아니라 해탈이다

"이해를 깨달음이라 착각하지 말고, 깨달음을 해탈이라 착각하지 말라."

티베트에서 최고의 성자로 추앙받는 밀라레빠Milarepa가 한 말입니다. 그는 붓다의 가르침을 몸소 행하고 체험하여 완전한 해탈을 성취했다고 하여 티베트 사람들뿐만 아니라 서양의 구도자들도 추앙해 마지않는 수행자입니다.

밀라레빠의 말처럼 수행의 목표는 깨달음이 아니라 해탈입니다. 수행은 해탈로서 완성된다고 할 수 있습니다. 깨달음이 수행의 목표가 되어서는 안 됩니다. 깨달음은 시작이고 해탈은 완성입니다. 누구나 깨달을 수는 있지만 해탈은 결코 쉽지 않습니다.

붓다는 자기 자신의 속박에서 벗어난 사람입니다. 붓다가 이룬 해탈이란, 쉽게 말하면 에고의 지배에서 철저히 벗어나는 것을 말합니다. 자기 자신에게 매여서 사는 사람은 중생이고, 자기 자신을 벗어난 사람은 부처입니다. 깨달은 사람은 찾을 수 있으나 해탈한 사람은 만나기 어렵습니다.

그 어디에도 걸림이 없고 무엇에도 매이지 않는 사람이 해탈한 사람입니다. 죽음 앞에 초연하고, 마음속에 번뇌 망상이 없는 사람입니다. 수행을 통해서 일순간 깨달음을 얻을 수는 있지만, 자기 자신을 완전히 극복하기 위해서는 많은 수행이 필요합니다.

해탈한 사람은 바보처럼 삽니다. 천진난만한 어린아이처럼 삽니다. 그래서 옛날부터 "대성大聖은 대우大愚와 같다"고 했습니다. 진정한 성인은 바보 같다는 말입니다. 자신을 내세우려고 하는 사람, 타인에게 인정을 받으려고 하는 사람, 자신을 무시하면 화내는 사람, 시비분별에 걸려 넘어지고 차별을 하는 사람, 자기중심적으로 사는 사람, 이기적인 사람은 해탈한 사람이 아니라 중생입니다.

해탈한 사람은 구름에 달 가듯이 걸림이 없이 살아갑니다. 선악, 미추, 시비 등 온갖 상대적인 관념과 이분법적인 사고에서 벗어나 불이不二의 세계에서 살아갑니다. 이와 같이 해탈한 사람을 우리는 부처요, 성인이라고 말합니다.


## 지옥에 간 성직자와 천당에 간 매춘부


인도의 명상가 오쇼가 《장자》에 대해 강의를 하다가 들려준 재미있는 이야기입니다.

옛날에 성직자와 매춘부가 한마을에 살고 있었습니다. 그런데 어느 날 성직자가 세상을 떠났습니다. 그는 많은 사람들로부터 존경을 받았습니다. 그리고 같은 날 매춘부도 죽었습니다. 그녀는 바로 그 성직자의 사원 앞에서 살았습니다. 그녀 역시 아름다운 외모 덕분에 그 성직자만큼이나 유명했습니다.

죽음의 천사가 와서 성직자를 천국으로 데려가고, 창녀는 지옥으로 데려갔습니다. 천사가 천국에 이르러서 보니 문이 닫혀 있었습니다.

천국의 문지기가 천사에게 이렇게 말했습니다. "그대는 사람을 잘못 데리고 왔다. 두 사람을 혼동했다. 이 성직자는 지옥으로 가야 하고, 창녀는 천국으로 와야 한다."

천사는 깜짝 놀라서 이렇게 물었습니다. "그게 무슨 말인가? 이 사람은 끊임없이 명상과 기도를 한 아주 유명한 성직자이다. 그리고 창녀는 이미 지옥에 있을 것이다. 다른 천사가 그녀를 이미 지옥으로 데리고 갔다."

그러자 천국의 문지기가 이렇게 말했습니다. "그대는 단지 그들의 겉모습만 보았기 때문에 혼동을 한 것이다."

이 성직자는 늘 마음속으로 불만이 많았습니다. 늘 경건하게 다른 사람들을 위해 기도하는 듯했지만, 실은 가까이 있는 아름다운 창녀를 생각하면서 속으로 끓어오르는 욕정을 참고 살았습니다. 그의 마음은 늘 불타고 있었습니다.

반면에 매춘부는 돈 때문에 자신의 몸과 영혼을 팔아야 했지만, 마음속으로는 늘 기도하고 참회하면서 살아왔습니다. 그녀는 수시로 이웃에 있는 사원을 바라보며 그곳에 가서 참회하고 싶어했습니다. 하지만 자신의 처지가 그럴 수 없으니 그곳에 가지 못했습니다.

천국의 문지기가 말했습니다. "그 창녀를 천국으로 데려오고, 이 성직자를 지옥으로 데려가라. 그들의 외면적인 삶과 내면적인 삶은 달랐다."

사람은 외면적인 모습만 보고 판단할 수 없습니다. 어떤 생각을 가지고, 어떤 마음을 품고 사느냐가 중요합니다. 마음이 모든 것을 결정하기 때문입니다. 겉으로 보기에는 화려하고 잘나 보이는 사람이 마음속에서 온갖 탐욕을 부리면서 지옥을 만들고 있는지 모릅니다. 겉으로 보기에는 초라하고 볼품없는 사람이 늘 자신을 내려놓고 마음속으로 천국을 만들고 있는지 모릅니다.

마음이 모든 것을 결정합니다. 욕망과 집착에서 벗어나 마음이 평화로운 사람은 천국을 만들고 있고, 마음속에서 탐욕과 집착 속에서 살아가는 사람은 지옥에 가까이 가고 있습니다.


## 장자가 가르쳐준 깨달음의 길

《장자》〈대종사〉편에 일곱 단계의 수행을 거쳐서 깨달음에 이르는 길에 대한 설명이 나와 있습니다. 그 깨달음에 이르게 하는 단계는 외천하外天下, 외물外物, 외생外生, 조철朝徹, 견독見獨, 무고금無古今, 불사불생不死不生입니다.

이것을 해석하자면, 명상에 전념하자 3일 만에 천하를 잊었고, 7일이 지나자 사물을 잊었으며, 9일이 지나자 삶을 잊었고, 삶을 잊자 비로소 깨달음을 얻게 되었다고 합니다. 이렇게 깨달음을 얻게 되자 절대적인 경지를 체험하게 되었고, 시간을 초월하여 삶과 죽음이 없는 경지에 이르게 되었다고 합니다. 더 자세하게 설명하자면 다음과 같습니다.

첫째, '외천하'입니다. 여기에서 '외外'는 '잊을 망忘'을 의미합니다. 그러니까 외천하는 천하를 잊었다는 뜻이고, 천하를 잊었다는 것은 세상을 잊었다는 것입니다. 3일 동안 모든 것을 내려놓고 명상에 집중하다 보니 마음이 평온하고 고요하고 텅 비어져서 세상을 잊게 되었다는 뜻입니다.

둘째, '외물'입니다. 외물은 사물을 잊었다는 뜻입니다. 사물을 잊었다는 것은 뭔가를 갖고자 하는 물질적인 욕망에서 벗어났다는 의미이기도 합니다. 7일 동안 명상을 하자 더 깊은 상태로 들어가게 되어 자신을 둘러싸고 있는 일체의 사람과 사물을 모두 잊었다는 뜻입니다. 명상에 들어간 지 3일 후에는 막연하게 세상을 잊었으나, 7일 후에는 구체적인 사건이나 사물까지도 모두 잊었다는 말입니다.

셋째, '외생'입니다. 외생은 삶을 잊었다는 의미입니다. 삶을 잊었다는 것은 자신의 몸과 마음뿐만 아니라 자기 자신조차 잊었다는 뜻입니다. 다시 말하면, 나에 대한 의식과 집착으로부터 벗어난 것입니다. 즉 명상에 집중한 지 9일이 지나자 나 자신마저도 초월하게 된 것입니다.

넷째, '조철'입니다. 조철은 첫 깨달음의 순간입니다. 조철은 아침 햇살 같은 눈부신 깨달음을 얻었다는 의미입니다. 아침 햇살은 어둠을 뚫고 나온 태양이 내뿜는 찬란한 빛입니다. 주관과 객관의 이원적인 대립이 사라지고 자타불이의 경지에 도달한 것입니다. 그러니까 명상을 시작한 지 9일 만에 깨달음을 얻었다는 뜻입니다.

다섯째, '견독'입니다. 견독은 절대의 경지에 도달했다는 의미입니다. 절대의 경지란 자신을 초월하여 시비분별과 대립적인 상대계에서 벗어나 절대계로 들어갔다는 것입니다. 대립적인 경계가 사라지고, 성성한 깨어 있음만이 존재하는 단계입니다.

여섯째, '무고금'입니다. 무고금은 옛날이나 지금이 없다는 뜻으로써 온전히 지금 이 순간에 깨어 있음을 말합니다. 무고금은 시간을 초월했다는 의미입니다. 순간 속에서 영원을 살고, 영원 속에서 순간을 사는 것을 말합니다. 마음이 과거나 미래에 가 있지 않고 오직 100퍼센트 현재만을 사는 것을 의미합니다.

일곱째, '불사불생'입니다. 불사불생은 죽음도 삶도 없는 경지에 도달했다는 뜻입니다. 육체적인 삶과 죽음을 의미하는 것이 아니라, 정신적으로 삶과 죽음을 초월했다는 것입니다. 깨달음의 경지에 도달하게 되면 시간과 공간의 제약으로부터 벗어나게 됩니다. 주관과 객관의 경계가 무너져서 세상과 합일되는 경험과 함께 생사와 시공을 초월하게 됩니다.

장자가 말하는 깨달음의 길은 명상을 통한 깨달음과 다르지 않습니다. 그 원리와 방법도 다르지 않습니다. 깨달음이 그렇게 쉬운 거냐고 하는 사람이 있을 것입니다. 또, 어떻게 9일 만에 깨달음을 얻을 수 있느냐고 묻는 사람이 많을 것입니다. 하지만 9일은 짧은 시간이 아닙니다. 제대로 명상을 한다면 깨달음을 얻기에 결코 부족한 시간이 아닙니다. 깨달음은 단 하루 만에도 도달할 수 있습니다. 다만 마음이 얼마나 정화되어 있으며, 어떻게 공부를 해왔느냐에 따라 다를 뿐입니다.


## 깨달음에 대하여


많은 사람들이 깨달음을 좇습니다. 하지만 깨달음에 목말라 할 필요가 없습니다. 우리는 이미 깨달아 있기 때문입니다. 본증묘수本證妙修이란 말이 있습니다. 그것은 깨닫기 위해서 수행을 하는 것이 아니라 깨달음을 드러내기 위해서 수행을 한다는 뜻입니다.

깨달음이란 그렇게 어렵지 않습니다. 깨달음을 신비화해서는 안 됩니다. 깨달은 사람은 세상 사람과 차원이 다를 것이라고들 생각하지만, 그들은 미래를 예언하고 신통력을 발휘하고 신출귀몰하는 재주를 부리는 사람이 아닙니다. 목숨을 건 어려운 과정을 거쳐야 깨달을 수 있는 것도 아니고, 타고난 능력을 가진 사람만 깨달을 수 있는 것도 아닙니다. 깨닫기 위해서 수년씩 장좌불와長坐不臥하거나 용맹정진할 필요가 없습니다.

깨달음이란 무엇일까요? 깨달음은 자신의 잃어버린 본성을 회복하는 것입니다. 무아를 체험하고 주관과 객관이 합일되는 경험입니다. 때 묻지 않은 순수한 어린애의 마음으로 돌아가서 '참나'를 발견하는 것이며, 생각 이전의 자리로 돌아가 우주와 하나가 되는 것입니다.

그럼 어떻게 해야 깨달을 수 있을까요? 막상 깨닫고 보면, 깨달음이 세수하다가 코 만지기보다 쉽다고 했습니다. 깨닫는 방법은 아주 다양합니다. 사람에 따라서 각기 다른 체험으로 오고, 문화에 따라서 다양한 방편이 전수되고 있습니다. 그러나 그 요체는 하나입니다. 깨달음은 생각을 통해서 도달할 수가 없습니다. 깨달음은 생각을 뛰어넘는 곳에 있으며, 생각이 일어나기 이전의 자리입니다. 그러므로 산란한 마음을 가라앉혀 생각으로부터 벗어나야 합니다.

《대승기신론大乘起信論》에 이런 구절이 나옵니다. "일체 경계의 차별이 오직 망념에 의해서 생기나니, 마음이 생각을 떠나면 곧 일체 경계의 상이 없다. 깨달음의 의미란 것은 생각이 사라진 마음의 본체를 말한다."

원래 명상을 하는 것도, 화두를 드는 것도, 선승이 질문을 하는 제자에게 답변을 하지 않고 몽둥이로 내리치는 것도 모두 생각이 끊어진 세계를 경험하기 위한 방편입니다. 생각에서 벗어난 세계는 어떤 세계일까요? 그것은 고요하고 평화로운 세계요, 자기를 초월한 세계입니다.

왜 깨달아야 할까요? 깨달으면 황당하고 허망한 관념의 세계가 아니라 현실세계를 살게 됩니다. 자유로워지고 깊은 행복을 느끼게 됩니다. 늘 깨어서 지금 이 순간에 완전 연소

하는 삶을 살게 됩니다. 세상과 삶을 보는 관점이 달라지고, 마음속에 근심과 걱정이 사라집니다.

깨달은 사람을 찾으려면 어린아이들을 보면 됩니다. 깨달음은 완성이 아니라 시작일 뿐입니다. 무의식 속에 쌓여 있는 것들을 끝없이 정진하면서 정화해내야 합니다. 그렇지 않으면 금세 번뇌와 망상에 또 사로잡히게 됩니다.

크게 깨달았다는 스님이 밭에서 일을 하고 청소를 하고 있었습니다. 그 광경을 지켜본 어떤 사람이 물었습니다. "깨달음을 얻은 덕 높은 스님이 왜 그런 일을 하십니까?"

그 스님은 이렇게 답변했습니다. "소가 멀리 도망가지 않게 하려고 고삐를 잡아당기고 있는 중입니다."


## 자연만큼 위대한 스승은 없다


우리 집에는 오래된 살구나무가 한 그루 있습니다. 내 서재 창문 바로 앞에 서 있는 그 나무 덕분에 나는 자주 행복을 느낍니다. 요즘에는 푸른 이파리가 바람 앞에서 살랑거리는 광경을 즐겨 바라봅니다. 작은 딱새가 찾아오기도 하고, 참새들이 찾아와 짹짹거리기도 하고, 까치가 찾아와 놀다 가기도 합니다.

나는 그 살구나무를 벗 삼아 책상에서 책을 보거나 컴퓨터 자판을 두드리며 글을 쓰곤 합니다. 겨울에는 나뭇잎이 모두 진 앙상한 나무에 하얀 눈송이가 쌓이는 광경을 만끽했는데, 어느새 봄이 와 살구꽃이 피어나서 나를 또 기쁘게 해주었습니다. 어느덧 유월이 되어 한 바구니의 살구를 내게 선물해 주었습니다.

나는 이 살구나무를 보면서 인생의 무상함을 느낍니다. 모든 것은 한때입니다. 자연은 이렇게 인간을 가르칩니다. 모든 것은 한때고 지나간다는 것을 가르쳐줍니다. 꽃이 피는 것도 한때요, 열매를 맺는 것도 한때입니다. 젊음도 한때요, 좋은 것도 한때요, 괴로운 일도 한때입니다. 아무리 좋은 것도 한때요, 아무리 나쁜 것도 한때입니다. 좋은 것도 지나가고 안 좋은 것도 지나갑니다.

자연만큼 큰 스승은 없습니다. 우리는 자연을 보면서 깨달음을 얻습니다. 성현들의 큰 깨달음은 대부분 자연에서 보고 들은 것입니다. 자연의 섭리와 이치를 깨달으면 마음이 가볍고 사는 게 자유로워집니다. 자연은 모든 것이 변한다는 것을 가르쳐줍니다. 우리는 자연을 통해서 순환의 법칙을 깨달을 수 있습니다. 변화와 순환을 통해서 생명을 이어가면서 영원히 존재하는 것이 우주 대자연입니다.

세상에 영원한 것은 아무것도 없습니다. 인연법에 따라서 잠깐 나타났다가 사라져갑니다. 깨닫고 보면 영원이 순간이고 순간이 영원입니다. 순간 속에 영원이 있고 영원 속에 순간이 있습니다. 그래서 깨달은 사람은 시간과 공간을 초월하게 됩니다. 나는 항상 우주와 함께 존재하기 때문이며, 내가 우주 그 자체입니다.


## 그냥 내버려두라


"사물을 있는 그대로 내버려두십시오. 그들에게 스스로 무게를 갖게 하십시오. 그들이 날아오르든 떨어지든 그대로 두십시오. 겨울날 아침, 단 하나의 사물이라도 있는 그대로 바라보는 데 성공한다면, 비록 그것이 나무에 매달린 얼어붙은 사과 한 개에 불과하더라도 얼마나 대단한 성과입니까!

나는 그것이 어슴푸레한 우주를 밝힐 것이라고 생각합니다. 얼마나 막대한 부를 우리는 발견한 것입니까! 우리가 열린 눈을 가질 때, 우리의 시야가 자유로워질 때, 신은 우리 앞에 모습을 드러냅니다. 필요하다면 신조차도 홀로 내버려두십시오. 신을 발견하고자 원한다면, 그와 서로를 존중할 수 있는 거리를 두어야 합니다.

신을 발견하는 것은, 그를 만나러 가고 있을 때가 아니라, 단지 그를 홀로 남겨두고 돌아설 때입니다. 나는 신이라고 말하지만, 그것이 그의 이름인지는 확신하지 못합니다. 당신은 내가 누구를 의미하는지 알고 있을 것입니다."

헨리 데이비드 소로우의 《구도자에게 보낸 편지》에 실린 글입니다. 소로우는 "있는 그대로 내버려두라"고 합니다. 그래야 신과 만날 수 있다고 합니다. 인간이 개입하는 순간 신은 점점 더 멀어지게 됩니다. 소로우가 말한 신은 '저 높은 하늘에 계신 신'이 아니라 '내면에 있는 신'입니다.

신은 교회에 있지 않고, 부처는 절에 있지 않습니다. 교회에 있는 신은 인간의 욕망이 만들어놓은 신이요, 법당에 있는 부처도 인간의 욕망의 산물입니다. 신과 부처는 인간의 생각과 욕망으로는 접근할 수 없는 순수영역입니다. 내가 깨끗하게 정화될 때라야 내 안에서 신을 만날 수 있고 부처를 만날 수 있습니다. 내버려두는 것이 가장 좋은 처방입니다. 있는 그대로 내버려두면 저절로 잘 되어갑니다.

항상 내가 어떻게 해보려고 하기 때문에 문제가 생깁니다. 내 마음대로 해보려 하고, 내 생각대로 고치려고 하기 때문에 문제가 발생합니다. 아이들을 놓아두십시오. 남편을 놓아두십시오. 간섭하지 말고 놓아두십시오. 그러면 잘 되어갑니다. 시간이 흐르면서 저절로 자기의 길을 가게 됩니다. 성급한 마음으로 어떻게 해보려 하기 때문에, 문제가 꼬이고 더 헝클어지게 됩니다.

짧게 보면 받아들이기 어렵지만, 길게 보면 이해가 쉬울 것입니다. 이것이 노자와 장자의 무위자연無爲自然의 철학입니다. 노자는 억지로 하거나, 인위적으로 하려고 하기 때문에 문제가 생긴다고 보았습니다. 가만히 놔두면 모든 것은 스스로 제 갈 길을 찾아가고, 가장 알맞게 자리를 잡는다고 보았습니다. 그래서 물처럼 사는 것이 가장 잘 사는 비결이라고 한 것입니다. 물은 자기를 고집하지 않습니다. 그릇에 항상 자기를 맞춥니다. 물은 길을 탓하지 않습니다. 항상 낮은 곳을 향해서 흘러갈 뿐입니다.

내 마음이 세상을 창조합니다. 욕망과 집착에서 벗어나 마음이 평화로워질 때, 번뇌와 망상에서 벗어나 마음이 고요해질 때, 우리는 모든 것을 있는 그대로 보고 받아들이게 됩니다. 그래서 명상이 필요합니다. 마음이 불편하거나 힘들 때는 세상이 모순덩어리이고 문제투성이로 보이지만, 마음이 평화롭고 고요할 때 세상은 있는 그대로 완전합니다.

## 화엄경의 중심사상

불교의 화엄華嚴사상은 실로 크고 장엄합니다. 화엄사상은 온 우주를 담고 있으며, 우리 모두가 부처요 있는 그대로의 자연이라는 것을 설명하고 있습니다. 중국을 대표하는 시인이요 문장가인 북송시대의 소동파蘇東坡는 "산은 부처의 얼굴이요, 시냇물 소리는 부처의 설법이다"라고 말하였습니다.

화엄사상은 모든 존재는 서로 대립적이고 배타적인 관계

가 아니라, 걸림이 없이 원만하게 하나로 융합되어 있기 때문에 서로서로 귀하게 알고 함께 더불어 살아가라는 메시지입니다.

화엄사상은 불교를 한 차원 높게 승화시킨 수승한 사상이요 뛰어난 철학입니다. 이러한 풍요로운 화엄사상은 크게 여섯 가지로 나누어서 설명할 수 있습니다.

첫째, 법신불法身佛 사상입니다. 법신불이란 '진리를 몸으로 하는 부처'라는 뜻입니다. 이것을 화엄경에서는 비로자나불毘盧蔗那佛이라고 합니다. 석가모니의 깨달음을 형상화하고 의인화한 것이 법신불이며, 법신불인 비로자나불은 실존하는 부처가 아니라 가공의 부처입니다. 비로자나불은 모양도 없고 색깔도 없습니다. 법신불은 무소부재無所不在하여 충만해 있는 우주의 법칙이요 자연의 섭리를 말합니다.

둘째, 불성佛性 사상입니다. 불성이란 부처의 성품을 말하는 것으로서, 불성 사상은 모든 중생에게 불성이 갖추어져 있다는 것입니다. 다른 말로 하면, 불성이란 신성을 말합니다. 모든 존재는 신성을 가지고 있습니다. 개미도 지렁이도 모기도 꽃과 나무도 신성을 가지고 있습니다. 그래서 이치에 맞게 움직이고 때에 맞추어서 피고 지는 것입니다. 그 신성을 화엄 철학에서는 '불성'이라고 한 것입니다.

셋째, 보살菩薩 사상입니다. 보살이란 깨달음을 얻기 위해 정진하는 구도자를 말합니다. 보살이란 자기완성과 이웃의 구제를 위해서 정진하는 사람입니다. 보살 사상은 모든 존재는 상호 의존관계에 있기 때문에 타인이 나요, 내가 타인이라고 봅니다. 이러한 원융무애한 화엄사상의 토대 위에서 이웃과 함께 아파하고 이웃을 구제하려는 보살 사상이 탄생하게 되었습니다.

넷째, 유심唯心 사상입니다. 유심이란 '오직 마음'이라는 뜻입니다. 마음은 불교 철학에서 대단히 중요한 위치를 차지하고 있습니다. 유심 사상이란 세상 모든 것은 마음에 달려 있다는 뜻과 함께, 마음이 모든 것을 창조해낸다는 의미도 포함하고 있습니다.

다섯째, 법계연기法界緣起 사상입니다. 법계연기란 세상의 모든 존재는 홀로 독립적으로 존재하는 것이 아니라 서로 불가분의 관계를 형성하고 있다는 사상입니다. 바다와 파도는 현상적으로는 둘로 보이지만 본질적으로는 하나입니다. 그와 같이 모든 존재는 상즉상입相卽相入하여 서로 걸림 없이 바다가 되었다가 파도가 되었다가 합니다.

여섯째, 정토淨土 사상입니다. 정토란 '청정한 부처의 세계'를 말하는 것으로서, 연화장세계蓮華藏世界라고도 불립니다. 다시 말하면 수행을 통해서 마음에 번뇌와 망상이 없는 깨끗한 마음의 세계인 극락을 이루자는 것입니다.

## 금강경 사구게에 대하여

《금강경》은 지금 이 순간의 그릇된 마음을 내려놓고 지혜로운 마음으로 살게 하는 가르침을 담고 있습니다.《금강경》을 이해하고 실천하면 마음의 평화와 지혜를 얻을 수 있습니다.《금강경》은 마음 다스리는 법을 가르치는 경전이며, 깨달음에 이르는 길을 안내하는 경전입니다.

그중에서도 핵심 내용을 품고 있는 네 가지 게송인 '사구게四句偈'에 대해서 살펴봅니다. 갠지스강의 모래알 수만큼 많은 몸과 목숨을 바쳐 보시하는 것보다 금강경의 '사구게'만이라도 받들어 지니고 남에게 말해준다면 그 복이 더 뛰어나다고 할 만큼 중요한 가르침을 담고 있습니다.

"무릇 있는 바, 형상이 있는 것은 모두가 다 허망하다, 만약 모든 형상을 형상이 아닌 것으로 보면 곧 여래를 보게 된다."

'상相에 머물지 말라'는 금강경의 가르침은 관념에 빠져 있지 말라는 뜻입니다. '상'이란 마음속에 자리 잡고 있는 관념이요 이미지입니다. 마음으로 지어낸 것을 '상'이라고 합니다. 떠나간 연인을 붙잡고 있는 것은 '상'에 매여 있는 것이요, 존재하지 않는 신을 만들어서 숭배하는 것도 '상'에 빠져 있는 것입니다. 모든 사물은 고정불변한 실체가 있는 것이 아니요, 잠시 인연에 따라 모양을 이루었다가 흩어질 뿐임을 알면 진리를 깨닫게 됩니다.

"응당 대상에 머물러서 마음을 내지 말며, 소리와 냄새와 맛과 느낌과 법에 머물러 마음을 내지 말 것이요, 응당 머문 바 없이 그 마음을 낼지니라."

이는 집착하지 말라는 뜻입니다. 집착은 마음의 때가 되고 얼룩이 됩니다. 집착이 괴로움의 원인입니다. 눈에 보이는 대상과 소리, 냄새, 촉감, 생각에 집착하지 말라는 것입니다. 나 자신과 모든 대상에 대한 욕망과 집착을 놓아버리고 물같이 바람같이 살아야 합니다.

"만약 대상으로써 나를 보거나 음성으로써 나를 구하면, 이 사람은 사도를 행하게 되어 능히 여래를 보지 못하리라."

진리는 인간의 오감작용을 통해 파악될 수 없습니다. 모양과 음성의 모든 경계를 넘어서야만 알 수 있습니다. 우리는 있는 그대로의 진면목을 보지 못하고 오염된 눈으로 세상을 바라보면서 온갖 분별 망상을 지어냅니다. 그러나 생각과 언어와 모양 이전의 참된 모습을 찾아야 근원에 도달할 수 있습니다.

"생멸하는 현상계는 꿈과 같고 환상과 같고 물거품과 같으며 그림자 같으며, 이슬과 같고 또한 번개와도 같으니, 응당 이와 같이 관찰할지니라."

우리의 삶 속에서 일어나는 일들, 일체의 유위법은 꿈이요 환상이요 물거품이며 그림자요 이슬과 번개처럼 허망한 것이니 집착하지 말라는 뜻입니다. 관념에 집착하고 그 집착이

강해지면 고통이 심해지지만, 관념과 집착이 사라지면 깨달음에 이르러 큰 행복을 누리게 됩니다.

모든 것을 내려놓고 허공같이 맑은 마음을 가지라는 것이 《금강경》의 요지입니다. '나'와 대상에 대한 집착과 그릇된 소견을 버리고 마침내 큰 깨달음에 이르게 하는 가르침입니다.


## 홀로 있는 시간


서양의 철학자 키르케고르Kierkegaard는 "인생은 단독자의 행진"이라고 했습니다. 인생이란 무리를 이루고 살아가는 것처럼 보이지만, 사실은 누구나 홀로 이 세상에 왔다가 홀로 떠납니다. 가정을 이루고 다양한 형태의 사회를 이루고 함께 살고 있지만, 궁극적으로는 홀로 왔다가 홀로 떠나는 것이 인생입니다.

우리는 항상 여럿이 공동생활을 하다 보니 자신만의 삶을 살기가 쉽지 않습니다. 그래서 스트레스를 받게 됩니다. 집에 가면 가족과 시간을 보내야 하고, 학교에 가면 친구들과 어울려 시간을 보내야 하고, 직장에 가면 동료들과 시간을 보내야 합니다. 그것뿐만 아니라 핸드폰과 인터넷과 TV에 빠져서 삽니다. 그러다 보니 홀로 있는 시간이 더욱 없습니다.

하루에 한두 시간은 홀로 있는 시간을 가져야 합니다. 홀로 한가롭게 차를 마시고, 홀로 음악도 듣고, 홀로 사색도 하고, 홀로 자연을 느끼면서 산책도 해야 합니다. 때로는 홀로 여행도 떠나야 합니다. 혼자 하는 여행은 자기에게로 돌아오는 시간이기 때문입니다.

가끔은 아무 일도 하지 말고 이렇게 한가롭게 시간을 보내십시오. 그래야 자신과 만나게 되고 자신과 진지한 대화가 이루어집니다. 홀로 있으면 자연스럽게 자기 자신과 수많은 대화를 나누게 됩니다. 그래야 자신만의 삶을 풍요롭게 가꾸어갈 수 있습니다.

홀로 있지 못하면 마음이 산란해서 자기 내면의 소리를 듣지 못합니다. 홀로 있는 시간을 갖지 못하면 마음 안에서 갈증이 생기고 혼란이 생깁니다. 진정한 자아를 만나지 못하기 때문에 스트레스를 받고, 분노가 끓어오르고, 마음이 우울하고 불안해집니다.

핸드폰을 꺼놓고 잠시 세상 모두와 단절하고 혼자서 지내는 훈련을 해보십시오. 처음에는 낯설게 느껴지기도 하겠지만, 자주 하다 보면 아무에게도 방해받지 않는 그 시간이 얼마나 좋은지 알게 됩니다. 홀로 있을 때 완전해집니다. 홀로 지낼 때 깊은 평화와 기쁨이 피어오릅니다.

가족에 기대고, 친구에게 기대고, 종교에 기대려고 하지 말아야 합니다. 결국 부모도 떠나고, 형제도 떠나고, 자식도 당신을 떠나게 됩니다. 언젠가는 모두 당신 곁을 떠나게 됩니다. 결국 혼자 남게 됩니다. 홀로 있는 시간을 즐기십시오. 홀로 있을수록 깨어 있을 수 있습니다. 홀로일수록 함께 있을 수 있습니다.


## 에고 관찰 명상


화가 나거나 마음이 불편한 것은 나에게 묶여 있기 때문입니다. 다시 말하면 '나'라는 올가미에 갇혀 있기 때문이며, 에고의 지배를 받고 있기 때문입니다. 그래서 화가 나거나 마음이 불편할 때 우선 자신의 마음을 살펴보아야 합니다. '내 마음이 왜 불편하지?' 하고 물어야 합니다.

마음을 살펴보면 이러이러한 사유로 인해서 화가 나고 마음이 편치 못하다는 것을 알게 됩니다. 옷이 마음에 안 들어서, 신발이 마음에 들지 않아서, 머리가 마음에 들지 않아서, 얼굴이 마음에 안 들어서 등등. 이렇게 마음이 불편한 것은 타인의 시선을 의식하기 때문입니다. 남의 시선을 의식하는 것은 남에게 잘 보이고 싶은 마음에서 비롯됩니다. 더 자세히 들여다보면 타인이 자신을 싫어할까 봐, 멀리할까 봐 두려워하는 마음이 그 아래에 있습니다.

그 두려움은 어디에서 비롯되는 걸까요? 바로 자기애착에서 비롯됩니다. 이 모든 것은 에고가 하는 짓입니다. 에고는 내면에서 작용하는 자의식입니다. 자신의 마음속에 서서히 형성되어온 자아관념입니다. 에고는 항상 독자적으로 작용하지 못하고 생각, 감정, 느낌을 동반하여 나타납니다. 부지불식간에 나 자신을 내 몸과 동일시하게 만들면서 고개를 내밉니다.

하지만 에고는 실체가 없는 허구입니다. 에고는 조건에 따라서 생기고, 조건에 따라 사라집니다. 깨어 있지 못하면 에고가 내 안에서 항상 주인 노릇을 하지만, 깨어 있으면 에고가 작동하지 못합니다. 방 안에 불을 켜고 있으면 도둑이 침입하지 못하듯이, 전등불을 켜면 즉시 어둠이 사라지듯이, 깨어 있으면 에고는 금세 빛을 잃고 맙니다.

마음이 불편하거나 화가 날 때 잠깐 눈을 감고서 마음을 살펴본 후 '내가 지금 나에게 묶여 있구나', '내가 지금 에고의 지배를 받고 있구나' 하고 알아차려야 합니다. 묶여 있는 나로부터 벗어나면 평화롭습니다. 에고의 지배에서 벗어나면 자유롭습니다. 그 순간부터 인생을 제대로 즐길 수 있습니다.

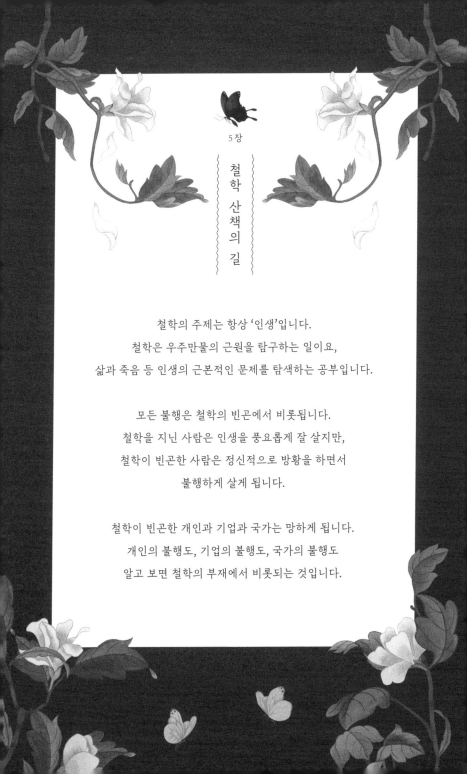

5장

철
학
산
책
의
길

철학의 주제는 항상 '인생'입니다.
철학은 우주만물의 근원을 탐구하는 일이요,
삶과 죽음 등 인생의 근본적인 문제를 탐색하는 공부입니다.

모든 불행은 철학의 빈곤에서 비롯됩니다.
철학을 지닌 사람은 인생을 풍요롭게 잘 살지만,
철학이 빈곤한 사람은 정신적으로 방황을 하면서
불행하게 살게 됩니다.

철학이 빈곤한 개인과 기업과 국가는 망하게 됩니다.
개인의 불행도, 기업의 불행도, 국가의 불행도
알고 보면 철학의 부재에서 비롯되는 것입니다.

# 도추

《장자》〈제물론〉편에 이런 이야기가 있습니다.

"삶이 있기에 죽음이 있고, 죽음이 있기에 삶이 있다. 됨이 있기에 안 됨이 있고, 안 됨이 있기에 됨이 있다. 옳음이 있기에 그름이 있고, 그름이 있기에 옳음이 있다. 그러므로 성인은 한 면만 보지 않고 전체를 볼 수 있는 눈을 가지고 있다. … 전체적인 시각으로 바라보면 '이것'은 '저것'이고, '저것'은 '이것'이다. 성인의 '저것'에는 옳고 그름이 동시에 있고, '이것'에도 옳고 그름이 동시에 있다. '저것'과 '이것'은 따로 있는 게 아니라, '이것'과 '저것'이 상대적인 대립 관계를 넘어서 없어지는 것을 '도추道樞'라고 한다."

도추라는 말은 '도의 지도리'라는 뜻입니다. 지도리는 문짝과 문틀을 이어주는 중심축을 말합니다. 문이 열리나 닫히나 지도리는 늘 그대로입니다. 문이 열리면 열린 대로 좋고 문이 닫히면 닫힌 대로 좋습니다. 어떤 경우에도 흔들림 없이 자기 중심을 놓치지 않습니다. 도추는 원의 중심처럼 어느 한쪽으로 기울어지지 않고 모든 것과 같은 거리를 유지합니다.

우리는 마음속에 저마다의 기준을 가지고 있습니다. 다시 말하면 저마다 마음의 잣대를 한 개씩 가지고 살아갑니다. 그래서 "내가 옳고 너는 그르다"고 주장합니다. 장님이 코끼리 다리를 만져보고 "코끼리는 기둥처럼 생겼다"고 주장하는 것과 같습니다. 여기에 볼록렌즈가 하나 있습니다. 그 볼록렌즈는 이쪽에서 볼 때 볼록렌즈이지만 저쪽에서 보면 오목렌즈가 됩니다. 서울에서 사는 사람은 대전을 남쪽이라고 하지만, 목포 사는 사람은 대전을 북쪽이라고 합니다. 이처럼 어느 쪽에서 보느냐에 따라서 세상이 달라지는데 한사코 자기 쪽만 맞다고 우깁니다.

도추의 자리에 서면, 서로를 더 깊이 이해하게 될 뿐만 아니라 차별심에서 벗어나 평등심을 발휘하게 됩니다. 장자는 이처럼 이분법적인 사고방식에서 벗어날 것을 주문하고 있습니다. 사물을 한쪽에서만 바라보는 편견을 버리고 전체적인 시각을 가져야 함을 강조하고 있습니다. 같은 대상이 '이것'인 동시에 '저것'이 되기도 함을 알아야 합니다.

이처럼 전체적인 안목이 있다면 '이것'만이 절대적으로 옳다고 고집을 부리시 않을 것입니다. 삶이 있기 때문에 죽음이 있고, 밤이 있기 때문에 낮이 있듯이, 보수가 있기 때문에 진보가 있고, 진보가 있기 때문에 보수가 있습니다. 꼴찌가 있기 때문에 일등이 있고, 일등이 있기 때문에 꼴찌가 있습니다. 못난 사람이 있기 때문에 잘난 사람이 있고, 가난한 사람이 있기 때문에 부자가 있습니다.

이런 원리를 아는 사람은 자신이 부자라 하여 가난한 사람을 무시할 수 없습니다. 가난한 사람이 있기 때문에 부자가 있기 때문입니다. 타인을 못났다고 무시할 수 없습니다. 못난 사람이 있어야 잘난 사람이 있기 때문입니다. 우등생이라고 열등생을 무시할 수 없습니다. 열등생이 있기 때문에 우등생이 있기 때문입니다.

이처럼 시비是非, 선악善惡, 미추美醜, 장단長短 등 모든 대립적 관계는 사실 서로가 서로에게 의존하고 있는 상대적 관계입니다. 이 상대성을 절대성으로 여기는 함정에서 벗어나야 도추와 같이 전체를 아우르는 안목을 갖고서 살아갈 수 있습니다.


## 니체의 '생의 철학'과 명상


'생의 철학'(philosophy of life)이란 19세기 후반부터 20세기 초에 걸쳐 유럽에서 일어난 일련의 철학 사조입니다. 삶을 이성理性이나 과학적인 관점으로만 다루는 데는 한계가 있으니 의지나 직관이나 체험에 의해서 파악해야 한다는 주장입니다. 나중에 이 사조는 현상학과 실존주의 철학, 포스트모더니즘과 프래그머티즘 등에도 큰 영향을 주었습니다.

생의 철학의 대표적인 학자로는 쇼펜하우어, 니체, 베르그송 등이 있습니다. 삶의 실체에 대해 쇼펜하우어는 '삶에 대한 맹목적인 의지', 니체는 '권력에의 의지', 베르그송은 '창조적 진화'라고 정의 내렸습니다. 그중에서 가장 역동적이고 드라마틱한 삶을 살았던 니체의 철학을 살펴보려 합니다.

니체는 서양철학의 혁명아였습니다. 목사의 아들로 태어나 기독교 집안에서 성장한 그는, 대학 시절 신학 공부를 그만두고 문헌학을 공부하여 25세에 대학교수가 될 만큼 우수한 인재였습니다. 그는 전통적인 서구 기독교의 관념을 과감하게 깨고 나왔습니다. 그는 선천적인 질병과 힘들게 싸우면서도 결코 삶을 부정적으로 보지 않았습니다.

내가 보기에 니체는 분명히 명상적인 사람이었고, 깨어 있는 사람이었습니다. "신은 죽었다"는 그의 말은 신이나 사후 세계 같은 허무맹랑한 관념에 빠져 살지 말고 '깨어 있으라'는 메시지입니다. 예수도 천국이 마음속에 있다고 했듯이, 허구적인 마음세계에 갇혀서 살지 말고 순간순간 소중한 삶을 생생하게 경험하면서 아름답게 활짝 꽃피우라는 메시지입니다. 그는 기독교가 무한한 가능성을 지닌 인간에게 '죄인'이라는 굴레를 씌워 제한하면서, 나약하고 굴종적으로 살아가게 만드는 것에 분노했습니다. 순진한 사람들을 우물 안의 개구리로 만들어버리는 것을 과감하게 비판했습니다.

그가 주장했던 '초인'도 의존적인 인간이 아니라 자주적이고 당당하게 세상을 살아가는, 깨어 있는 사람을 말합니다. 초인은 현실에 안주하여 안일하게 살아가지 않고 생생하게 깨어서 현실을 직시하고 창조적인 삶을 살아가는 사람입니다. 초인은 허구적인 관념 속에서 종교의 노예가 되어서 살아가는 사람이 아니라, 매미가 허물을 벗고 나오듯이 자신을 둘러싸고 있는 두꺼운 껍질을 벗고 나와서 현실 세계를 경험하고 자각하면서 온전하게 살아가는 사람입니다.

그가 말한 '권력에의 의지'도 깨어 있는 사람만이 추구할 수 있는 것입니다. 중세 유럽은 신이 중심인 사회였습니다. 사람들은 살아가면서 마주하는 사소한 일들조차도 모두 신에게 의지하여 해결하려고 했습니다. 니체는 이 점을 정확하게 통찰하고 허구적인 신에 의지하지 말고, 자신의 삶을 주체적으로 살아가라고 했습니다. 권력에의 의지는 자신을 더 높이 끌어올리고 강화하려는 인간의 의지를 표현한 것입니다. 그것은 타인을 지배하고 억압하는 권력이 아니라 자기와의 싸움에서 이겨 얻는 권력입니다.

그는 대표작인 《차라투스트라는 이렇게 말했다》에서 '영원회귀'를 주장했습니다. "모든 것은 가고, 모든 것은 되돌아온다. 존재의 수레바퀴는 영원히 굴러간다. 모든 것은 죽고, 모든 것은 다시 꽃핀다. 존재의 연령은 영원하다."

그는 신의 죽음 이후에 근대인들이 직면한, 삶의 목표와 지향점이 사라진 불안한 심리적 상황을 영원회귀를 통해서 극복하려고 하였습니다. 니힐리즘을 극복하고 자신이 영원한 존재라는 자각이 이루어지면 삶은 충만해지고 순간순간 절대적 가치를 지내게 됩니다. 삶의 중심이 내세나 피안에 있는 게 아니라 '지금 여기'에 있게 됩니다. 그의 영원회귀 사상은 우리의 삶이 내세나 피안의 유토피아가 아니라 지금

이 순간에 있음을 알려주고 있습니다.

인생의 가치는 얼마나 오래 사느냐가 아니라, 얼마나 생명력 있게 잘 살았느냐에 있습니다. 니체는 삶을 예술가나 어린아이들의 놀이처럼 여기라고 했습니다. 어린아이들이 흥미롭게 놀 때, 예술가가 작품에 심취해 있을 때, 어떤 의미나 목적도 없이 그 자체가 목적이 됩니다. 명상의 세계에서도 깨달은 사람은 인생의 목표를 부귀영화나 소유에 두질 않고 매 순간을 목표로 살아갑니다. 그냥 순간순간이 삶의 목표일 뿐입니다.


### 당신의 고향은 어디입니까?

누구나 마음속에 고향을 하나씩은 가지고 있어야 합니다. 그런데 현대인들은 편히 마음 놓고 발붙이고 쉴 수 있는 고향이 없는 경우가 많습니다. 독일의 실존철학자인 마르틴 하이데거Martin Heidegger는 기술 문명이 발달하면서 현대인들이 고향을 상실했다고 진단했습니다. 그는 현대인들이 물질적으로는 풍족해졌지만 정신적으로 더 궁핍해졌다고 말하였습니다.

그는《들길》이라는 책에서 "고향에서 인간은 들길 옆에 튼튼하게 자란 떡갈나무처럼 광활한 하늘에 자신을 열고 어두운 대지에 뿌리를 박고 산다"고 하였습니다. 그는 현대인들이 고향을 상실했기 때문에 불안감과 허전함에서 벗어나기 위해서 물질적 소비와 향락을 추구한다고 주장하였습니다. 과학기술의 시대가 되면서 세계는 황폐해졌고, 신은 떠나버렸고, 인간은 정체성과 인간성을 상실하게 되었다고 그는 말합니다.

우리는 보통 고향을 자신이 태어나거나 성장했던 곳이라고 생각합니다. 하지만 고향은 순수성을 간직한 세계이며, 마음 놓고 쉴 수 있는 편안하고 아늑한 곳을 말합니다. 누구에게나 돌아가고 싶은 고향이 있어야 합니다. 물리적인 고향이 아니라 마음의 고향을 만들어야 합니다. 진정한 고향은 영혼이 쉴 수 있는 곳이며, 자신이 귀의할 수 있는 곳입니다. 언제라도 돌아가서 편히 쉬고 의지할 수 있는 곳입니다. 우리가 정신적으로 방황하는 것은 귀의처인 마음의 고향을 잃어버렸기 때문입니다.

진정한 귀의처는 자기 자신이어야 합니다. 부모님이나 존경하는 사람도 귀의처가 될 수는 있지만, 그것이 궁극적인 귀의처일 수는 없습니다. 자신을 스스로 잘 돌보아서 자신이 언제라도 편히 쉴 수 있는 고향으로 삼아야 합니다. 언제든지 자기 자신에게 귀의할 수 있어야 합니다.

우리는 평화롭고 깨어 있을 때 스스로 자신의 귀의처가 될 수 있습니다. 종교에서는 신이나 부처에 귀의하기도 하지만, 그것은 궁극적으로 내 안에 와 있는 신이나 부처에 귀의하기 위한 방편일 뿐입니다. 누구든지 자기 안에서 편히 쉴 수 있습니다. 자신이 평화로울 때, 순간순간 깨어서 지금 여기에 존재할 때, 비로소 자신의 영혼이 편히 쉴 수 있는 고향이 됩니다.


## 성인이 되는 길


조선 시대 유학자들의 필독서인 《근사록近思錄》의 〈존양存養〉 편에 보면 이런 구절이 있습니다. 어떤 사람이 중국 북송시대의 유학자인 주돈이周敦頤에게 "배워서 성인聖人의 경지에 도달할 수 있느냐?"고 물었습니다.

그러자 그는 이렇게 대답을 했습니다. "마음을 전일全一하게 하는 것이 중요하다. 전일이라고 하는 것은 욕심이 없는 것이다. 욕심이 없으면 가만히 있을 때는 마음이 고요해지고, 움직일 때는 마음이 바르게 된다. 가만히 있을 때에 마음이 고요해지면 총명해지고, 총명해지면 천하의 이치를 통달한다. 움직일 때 마음이 바르면 천하의 일을 공정하게 할 수 있고, 공정하게 하면 천하의 일에 두루 미칠 수 있다. 이와 같이 총명하여 통달하고 공정하여 널리 베풀게 된다면 성인에 가깝다고 할 수 있을 것이다."

전일한 마음은 번뇌와 망상에 휘둘리지 않는 통일된 마음이요, 감정에 물들지 않는 고요한 마음입니다. 주돈이는 '전일'을 욕심이 없는 것이라고 말하였습니다. 모든 괴로움은 욕심으로부터 비롯됩니다. 욕심을 부리는 순간 마음은 산란해지고 흐트러지기 시작합니다. 욕심이 끼게 되면 마음이 어두워집니다.

그는 성인이 될 수 있는 지름길은 욕심을 버리는 것이라고 합니다. 욕심이 없으면 마음이 고요해진다고 합니다. 마음이 고요해지면 총명해지고, 총명해지면 천하의 이치를 깨닫게 된다고 합니다.

욕심을 버릴 때 번뇌 망상이 생기지 않아 마음이 고요해지고, 마음이 고요해질 때 의식이 맑아지고 지혜가 밝아옵니다. 마음이 고요해질 때 사물의 참모습을 보게 됩니다.

욕심이 없으면 마음이 바르게 되고, 마음이 바르면 천하의 일을 공정하게 할 수 있고, 공정하게 하면 천하의 일에 두루 미치게 된다고 하였습니다. 욕심이 없는 마음은 사사로움이 없기 때문에 반듯하고 떳떳합니다. 마음속에 욕심이 없으면 흔들리지 않아서 중심을 잘 잡을 수 있습니다. 그래서 일을 공명정대하게 처리할 수 있습니다.

## 왕따 철학자, 스피노자의 삶

중세의 철학자 스피노자Spinoza는 당시 기독교의 권위가 절대적인 사회에서 기독교의 신을 부정하고, '자연이 곧 신'이라는 범신론汎神論을 주장한 학자였습니다. 그는 온갖 억압과 학대에도 굴하지 않고 가난한 삶 속에서 끝까지 자신의 철학을 지키고 학문에 정진하였습니다. 스피노자는 왕따 철학자였습니다. 역사상 그만큼 경멸과 비난을 많이 받아온 철학자도 찾아보기 드뭅니다. 그는 진리를 위해 온갖 수모와 경멸을 감내하면서 스스로 왕따를 자초했습니다.

1632년 네덜란드 암스테르담에서 부유한 상인의 집안에서 태어난 그는 유복한 어린 시절을 보냈습니다. 그는 어렸을 때 총명하고 신앙심이 깊어서 유대인 사회의 기대를 한 몸에 받으면서 성장했습니다. 그러던 어느 날, 한 청년이 사후세계를 의심하는 논문을 발표했다가 교회의 혹독한 비판과 탄압을 견디지 못하고 자살하는 사건을 지켜보게 됩니다. 스피노자는 이 사건을 계기로 기독교에 회의를 품게 되었습니다.

스피노자는 이단으로 몰린 학교에서 공부를 했습니다. 그는 교회로부터 퇴출시키겠다는 위협을 받았습니다. 교회는 그가 생각을 바꾸면 거액의 연금을 주겠다고 유혹하는 한편, 교회를 따르지 않으면 죽이겠다고 위협을 가하기도 하였습니다. 그래도 스피노자가 자신의 뜻을 굽히지 않자 그들은 결국 스피노자를 추방했습니다.

교회는 스피노자를 추방하면서 이런 내용으로 그를 비판

하였습니다. "스피노자여, 밤낮으로 저주받고, 잠잘 때도 일어날 때도 저주를 받아라. 신께서는 그를 절대 용서하지 마시고 노여움과 분노가 이 사람을 향해 불타게 하소서. 어느 누구도 말이나 글로 그와 교제하지 말 것이며, 그에게 호의를 보여서도 안 되며, 그와 한 지붕 아래 머물러서도 안 되며 그에게 2미터 이하로 가까이 다가가서도 안 된다."

교회의 이런 황당하고 옹졸한 결정에도 그는 아랑곳하지 않았습니다. 집에서도 쫓겨나 마땅한 생계수단이 없던 그는 조그만 다락방에 세 들어서 여기저기를 전전하면서 살았습니다. 그는 그렇게 평생 독신으로 지내면서 진리를 탐구하였습니다. 그는 렌즈 가는 일로 근근이 생계를 꾸려나갔습니다. 한때 그의 학문적 재능을 알아본 사람이 거액의 기부금을 주겠다고 제의하였으나 그것을 거절하고 가난한 삶을 이어가며 학문에 정진하였습니다.

스피노자가 사회와 교회와 가정에서 버림을 받은 주된 이유는 인격신을 인정하지 않았기 때문이었습니다. 그는 유대교에서 말한 여호와 하나님을 모순이 많은 존재라고 여겼습니다. 그는 신은 결코 감정적으로 분노하고 기뻐하는 존재가 아니라고 생각하였습니다. 그는 신은 이성理性 자체라고 생각하였습니다. 우리가 살고 있는 세계 자체가 이성이며 신이라고 생각했던 것입니다. 그는 자연이 곧 신이기 때문에 우리가 경험하는 생사고락 등 모든 일은 신의 섭리라고 보았습니다. 따라서 자연의 법칙을 깨닫게 되면, 인생사에서 벌어지는 일들을 보고 슬퍼하거나 괴로워할 필요가 없다는 것이 그의 생각이었습니다.

성경의 권위가 절대적이었던 당시에 이러한 스피노자의 생각은 악마의 사상이라고 비판받고 멸시당했습니다. 세상 모든 현상을 '신의 섭리' 혹은 '자연의 법칙'으로 보는 그를 누군가는 미친 사람이라고 혹평하기도 했습니다.

스피노자는 온갖 비난과 멸시를 참고 견디면서 살다가, 스물여덟 살이 되던 해에 암스테르담을 떠나서 한적한 시골로 이사했습니다. 그 후 조용한 사색과 진리 탐구에 온몸을 불사르면서 자유인의 길을 향해 나아갔습니다. 1670년에 그는 《데카르트 철학의 원리》와 《신학정치론》이란 책을 출판하면서, 국가가 교회의 지나친 간섭을 막고 종교와 사상의 자유를 보장해야 한다고 주장하였습니다. 이로 인해 권력자들과 교회들은 그에게 다시 엄청난 모욕과 핍박을 가하였습니다.

마침내 1673년에 스피노자는 철학에 대한 완벽한 자유를 보장받는 대신 공인된 교회를 혼란시키지 말라는 조건으로 하이델베르크Heidelberg 대학의 철학 정교수로 초빙받았습니다. 하지만 그는 "나의 정신적 자유를 아무에게도 방해받고 싶지 않다"고 하면서 거절했습니다. 그렇게 외롭게 살았던 스피노자는 1677년 마흔여섯 살의 나이로 폐병이 들어 고난에 찬 생애를 마감하였습니다.

만약 그가 세상과 적당하게 타협을 했다면 부귀영화를 누리면서 편히 살 수 있었을 것입니다. 하지만 그는 타협하지 않고 목숨을 걸고 당당하게 자신의 길을 걸어갔습니다. 달걀로 바위 치기처럼 힘든 싸움을 벌이면서도 끝까지 진리를 향한 열정을 불태웠습니다.

대부분의 세상 사람들은 부귀영화를 삶의 목표로 삼습니다. 하지만 진리를 탐구하는 사람은 부귀영화를 꿈꾸어서는 안 됩니다. 돈과 명예와 권력에 취하면 진리는 멀리 도망가고 말기 때문입니다. 진리를 좇는 구도자의 삶은 가난해야 하고, 단순해야 하며, 소박해야 합니다.


### 니체가 말한 초인은 누구인가?


니체는 인간이 진정으로 바라는 것은 안락한 삶과 장수長壽가 아니라, 자기 자신이 더 고양되고 강화된 느낌이라고 했습니다. 니체의 초인超人정신은 자신의 고양과 강화를 위해 삶의 고난과 시련을 오히려 요청하는 패기에 찬 정신을 말합니다. 그에게 초인은 낡은 문명에서 해방된 자유로운 영혼, 우상 없이 자족하는 존재, 스스로 창조적이고 즐거워하는 어린이입니다.

'초인'이라 함은 낡은 것에 갇혀 있지 않고, 모든 것을 순수하게 받아들여 대처할 수 있는 유연함을 가진 사람을 말합니다. 그는 이렇게 말합니다. "사람들이여, 자신을 극복하고 초월한 초인이 되라. 스스로를 뛰어넘는 초인이 되기 위하여 우리는 어떤 노력을 했던가? 이 세상의 모든 존재는 지금까지 자신을 뛰어넘는 무엇인가를 향해 진화해왔다."

니체는 그동안 사람들이 의지해온 신이 허구로 드러났기 때문에 더 이상 신에 의지하지 말고 초인을 지향해야 한다고 했습니다. 그는 신에 종속되어 노예 같은 삶을 살지 말고, 자주적으로 판단하고 주체적으로 사는 초인이 되라고 주장했습니다.

니체는 인간은 이미 오염된 더러운 강물과 같다고 했습니다. 그러므로 인간이 더러워지지 않기 위해서는 스스로 정화해내는 바다가 되어야 한다고 주장했습니다. 그는 초인이 바다와 같은 사람이라고 말했습니다. 그는 인간이 바다가 될 때 정화되어 창조적인 삶을 살 수 있다고 보았습니다.

또한 니체는 인간을 짐승과 초인 사이에 걸쳐진 밧줄이라고 했습니다. 그것은 심연을 가로지르는 밧줄이어서 건너가도 위험하고, 그 위에 서 있어도 위험하고, 멈춰 있는 것도 위험하다고 하였습니다. 그는 인간이 위대한 것은 목적이 아니라 지나가는 다리이기 때문이라고 했습니다.

니체는 종래의 자기 자신을 모두 버릴 수 있는 사람을 사랑한다고 했습니다. 그런 사람이야말로 고정관념에 갇히거나 우물 안의 개구리가 되지 않고 이편에서 저편으로 건너갈 수 있다고 했습니다. 그는 스스로 자신의 나아갈 방향과 자기 운명을 개척하는 자유로운 정신의 소유자를 사랑한다고 했습니다. 그는 "초인이란 고난을 견디는 것에 그치지 않고 고난을 사랑하는 사람이며, 고난에게 얼마든지 다시 찾아올 것을 촉구하는 사람"이라고 말하였습니다.

니체는 오늘날의 인간들은 안락한 삶과 쾌락에만 안주하기 때문에 병약한 인간이 되어버렸다고 지적하였습니다. 사람들은 조금만 힘이 들어도 회피하려 하고 불평불만을 하는데, 이렇게 적당하게 현실과 타협하면서 안락함에 주저앉아 있는 사람을 니체는 '말세인未世人'이라고 하였습니다. 그는 돈을 숭배하고, 돈으로 사람을 평가하고, 물질적이고 육체적인 쾌락을 좇는 사람을 '말세인'이라고 하였습니다. 반면에 현실에 안주하지 않고, 도전정신을 잃지 않고, 어떤 시련과 난관이 닥쳐도 좌절하지 않고, 거기에서 배우고 앞으로 나가는 사람을 '초인'이라고 했습니다.

의문을 품지 않고 세상이 정해준 방식대로 적당하게 살아가는 사람이 '말세인'이요, 끝없이 의문을 품고 새로운 것을 배우고 개척하면서 도전하는 사람이 '초인'입니다. 니체는 초인을 '고귀한 인간' 또는 '기품 있는 인간'이라고도 표현하였습니다. 니체의 초인정신은 다른 말로 하면 청년정신이요, 도전정신입니다. 끝없이 도전하는 자는 청년이요, 도전정신

211

을 잃어버린 자는 노인이기 때문입니다.

## 동체자비

　대승불교의 핵심은 공空사상이라고 볼 수 있습니다. 깨닫고 보면 모두가 공이라는 걸 알게 됩니다. 공이란 만물은 고정된 실체가 없다는 뜻이요, 다른 말로 하면 무아無我를 의미합니다. 모든 것은 인연 따라 나타나고 인연 따라 사라질 뿐 변하지 않는 고정된 실체는 없다는 뜻이기도 합니다.

　공이 되는 순간, 즉 무아를 깨닫는 순간 세상은 모두 하나가 됩니다. 내가 있기 때문에 너와 나의 구별이 생기지만, 내가 없으면 그대로 모든 존재가 분리되지 않는 하나이기 때문입니다.

　연기법緣起法에 따르면 모든 존재는 서로 연결되어 있는 상호의존 관계이기 때문에 서로를 귀하게 여기고 함께 살아갈 수밖에 없습니다. 꽃이 한 송이 피어나기 위해서는 우주가 동원되어야 합니다. 꽃이 피기 위해서는 해와 달과 별이 있어야 하고, 땅과 햇빛과 물과 바람도 있어야 합니다.

　자기 혼자만의 힘으로 존재하는 것은 아무도 없습니다. 내가 이 땅에서 살아가기 위해서도 온 우주가 협조해줘야 하고, 무수한 타인들의 도움이 절실히 필요합니다. 나 혼자서 살거나 내 가족하고만 산다면 감기만 들어도 죽어야 하고, 먹을거리를 위해서 식물을 채취하거나 숲속을 다니면서 사냥을 해야 할 것입니다.

내가 모르는 수많은 타인들이 있기 때문에 이렇게 편안하게 살 수가 있습니다. 내가 기르지 않은 것을 먹고, 내가 만들지 않은 옷을 입고, 내가 짓지 않은 집에서 삽니다. 내가 모르는 다른 사람들이 있기에 자동차나 지하철을 탈 수 있고, 핸드폰과 인터넷을 하고, 배와 비행기를 타고 여행을 할 수 있습니다.

우주가 서로서로 연결된 구조 속에서 운행되고 있듯이, 모든 존재는 서로 연결되어 있으며 서로서로 기댄 채 살아가고 있습니다. 그래서 이 진리를 깨달은 사람은 동체자비同體慈悲의 삶을 살아갈 수밖에 없습니다. 본질적으로 타인과 나는 나눌 수 없는 한 몸이기 때문입니다. 타인의 고통이 나의 고통이요, 타인의 행복이 내 행복인 것입니다.

타인의 아픔은 내 아픔이기에 내 이익을 위해서 타인에게 피해를 입히거나 타인을 해치는 짓을 하지 않습니다. 동체자비 사상은 모든 생명체를 소중하게 여기는 사상입니다. 길거리의 풀 한 포기, 벌레 한 마리도 나와 한 몸이라는 것을 알기 때문입니다.

## 죽음을 초월한 사람, 장자

장자는 죽음을 초탈한 사람입니다. 그는 자신의 아내가 죽었을 때 슬피 울지 않고 동이를 두드리면서 노래를 불렀고, 자신이 죽을 때 제자들에게 무덤을 만들지 말고 장례식도 치르지 말라고 당부하였습니다. 《장자》〈천도天道〉편을 보면 삶과 죽음에 대해 이렇게 이야기합니다. "자연의 섭리를 터득한 사람은 그의 삶이 무심히 움직이는 우주와 같고, 그의 죽음 또한 꽃이 피고 지고 달이 뜨고 지는 것과 같은 변화이다."

그는 또 말합니다. "하늘의 즐거움을 아는 사람은 그의 삶이 천체의 운행과 같고, 그의 죽음은 사물의 변화와 같다."

여기에서 '하늘의 즐거움'은 자연의 섭리를 터득한 사람을 가리킵니다. 장자는 자연의 순리를 깨닫고 그 흐름에 자신을 온전히 맡긴 채 살아갔습니다. 자연과 하나가 되어 즐거운 마음으로 살았습니다. 살았을 때는 우주의 질서에 따라 자연과 하나가 되어 살고, 죽음 또한 자연스러운 변화로 인식하고 파악하였습니다.

《장자》〈각의刻意〉편을 보면 이런 구절이 있습니다. "사람이 살면서는 자연의 섭리를 따르고, 만물과 함께 변화하면 죽음은 편안한 휴식이 된다."

장자는 자기 고집이 없이 모든 것을 자연의 변화에 내맡기고 강물처럼 흘러가는 사람을 성인이라고 말합니다. "성인은 살아감에 있어서는 자연의 운행을 따르고, 죽음에 있어서는 만물과 함께 변화한다. 고요히 있으면 음과 같은 덕이 되고, 움직이면 양과 같은 물결을 이룬다. … 그의 삶은 물 위에 떠 돌아다니는 듯하며, 그의 죽음은 편안한 휴식과 같은 것이 다." 마치 빈 병이 물 위에 떠돌듯이 자연의 변화를 따라갈 때 죽음은 편안한 휴식이 된다는 것입니다.

《장자》〈지북유〉편에는 또 이런 이야기가 나옵니다.

순임금이 승(丞)에게 이렇게 질문을 하였습니다. "도란 터득하여 지니고 있을 수가 있는 것이오?"

그러자 승이 이렇게 답변을 했습니다. "임금님의 몸도 임금님의 것이 아닌데, 임금님께서 어떻게 도를 거기다 지닐 수가 있겠습니까?"

놀란 순임금은 이렇게 말을 하였습니다. "내 몸이 내 소유가 아니면 누가 지니고 있는 것이오?"

승이 차분하게 이렇게 답변을 했습니다. "그것은 하늘과 땅에 부속되어 있는 형체입니다. 삶도 임금이 지니고 있는 게 아니라 하늘과 땅에 부속되어 있는 조화입니다. 생명도 임금이 소유하고 있는 게 아니라 하늘과 땅에 부속되어 있는 것입니다."

내 몸도 내 것이 아니라 우주 자연의 것이라는 말입니다. 생명도 우주의 조화 속에 있는 것이지 내 것이 아닙니다. 내 몸은 내 것이 아니라 자연의 부속물입니다. 자연이 태어나게 했고, 자연의 질서에 따라 생로병사의 길을 따라가서 다시 자연으로 돌아갑니다. 모든 것은 자연이 알아서 하는 것이니 온전히 맡기고 살아가면 됩니다.

〈지북유〉편의 다른 이야기입니다. 장자는 삶과 죽음을 자연의 변화로 보고, 사람이 죽으면 근본으로 돌아간다고 하였습니다. 그는 사람과 만물은 자연의 변화에 따라 생겼다가 사라진다고 하였습니다. "그들은 잠시 동안 사람으로 존재하지만, 결국은 그 근본으로 돌아가게 된다. 그 근본으로부터 본다면 삶이란 기운이 모여 있는 물건에 불과하다. … 만물은 자연의 변화를 따라서 생겨나고, 자연의 변화에 의해서 모두 없어진다. 자연의 변화에 따라 생겨나기도 하고, 그 변화에 의해 죽기도 한다."

사람은 죽으면 본래 왔던 자리로 되돌아갑니다. 우리가 경험하는 생로병사는 자연의 변화에 따른 지극히 당연한 현상입니다. 장자는 사람이 자연의 변화에 순응하면서 살지 않는 것은 참으로 어리석음을 일깨워줍니다. 자연의 변화에 순응하는 것이 근원으로 돌아가는 길이요, 도에 이르는 길이기 때문입니다.

장자처럼 마음을 비우고 자연과 합일되어 사는 사람은 죽음을 두려워하지 않습니다. 에고의 지배에서 벗어나 우주의 질서와 자연의 변화에 순응하면서 살면 평화롭고 조화롭게 살아갈 수 있습니다. 장자는 사후세계를 걱정하지 않고 절대자를 숭배하지도 않으면서 도와 하나가 되어 살다가 편안하게 죽었습니다.


## 공자의 삶의 준칙


공자는 늘 깨어 있는 사람이었습니다. 하지만 그에게도 지켜야 할 삶의 준칙이 있었습니다. 그는 살아가면서 다음 네 가지는 절대로 하지 않았다고 합니다. 이 네 가지를 공자가 끊으려 노력했다고 하여 '자절사子絶四'라고도 부릅니다.

첫째는 무의毋意입니다. '생각에 끌려다니지 않는다'는 뜻입니다. 우리는 습관적으로 생각에 끌려다닙니다. 온갖 허구적인 생각 속에서 살아갑니다. 생각으로 천당도 만들어내고 지옥도 만들어냅니다. 잘못하면 자기 생각에 속아서 인생을 낭비하기 쉽습니다.

둘째는 무필毋必입니다. '억지로 하지 않는다'는 뜻입니다. 우리는 무슨 일이 잘 안 되면 억지로라도 하려고 합니다. 그래서 다툼이 일어나고 무리수를 두게 됩니다. 무슨 일이든지 정성을 다하되, 억지로 이루려고 해서는 안 됩니다.

셋째는 무고毋固입니다. '고집부리지 않는다'는 뜻입니다. 많은 사람들이 고집을 부리면서 살아갑니다. '내가 옳다'는 생각에 사로잡혀 고집을 부리면서 자신도 상대방도 힘들고 고통스럽게 하고 있지는 않은지 늘 살펴야 합니다.

넷째는 무아毋我입니다. '나를 내세우지 않는다'는 뜻입니다. 보통 사람들은 자신을 내세우려고 합니다. 매사를 자기 중심적으로 생각하고 자신에게 유리한 방향으로 끌고 가려고 합니다. 나만을 생각하고 나를 내세우면서 일을 그르치거나 다수의 이익을 해치는 일을 해서는 안 됩니다.

이 네 가지는 이기적이고 바람직스럽지 않은 것입니다. 진리 탐구와 학문을 하는 사람이 가져서는 안 될 자세이며, 인간관계에도 적용하면 좋을 것입니다. 공자가 끊으려고 노력했다는 이 네 가지는 수양을 통하지 않고서는 도달하기 어려운 경지입니다. 온갖 것들을 비교하고 분석하고 해석하고 판단하면서 자신을 혼란으로 빠뜨리는 생각의 지배에서 벗어나기 위해서는 늘 자신의 생각을 관찰하고 깨어 있어야 합니다.

매사를 억지로 하지 않고 순리대로 살아가기 위해서는 에고의 지배에서 벗어나야 합니다. 평소에 고집을 부리지 않고 살기 위해서는 고정관념과 편견이 없어야 합니다. 나에게 매여 있는 삶을 살지 않기 위해서는 자신을 비우고 내려놓아야 합니다.

우리는 공자를 유교의 시조이기 때문에 수직적이고, 고리타분하고, 폐쇄적이고, 비민주적이고, 경직된 사고를 하는 사람으로 생각하기 쉽습니다. 하지만 수양을 통해 의필고아意必固我라는 네 가지를 경계했던 공자는 독단과 완고함과 편견과 아집이 없는, 유연하고 개방적이고 포용력 있는 사람이었습니다.


## 디오게네스의 삶과 알렉산더의 삶


디오게네스와 알렉산더는 나이 차이는 컸지만 동시대를 살았던 인물입니다. 마케도니아 국왕인 알렉산더는 세계를 정복하려는 야욕을 가지고 살았으며, 디오게네스는 돈 한 푼도 없이 사원 옆의 작은 통나무에서 가난하게 살았습니다.

디오게네스는 욕망을 줄이는 아스케시스askesis(자기훈련), 부유하지 않아도 아무 지장 없이 살아가는 아우타르케이아autarkeia(자기만족)를 실천했고, 타고난 자연적 욕구를 해소하는 데 체면을 따지거나 수치심을 느끼지 않는 아나이데이아anaideia(부끄럼 없음)를 목표로 하였습니다. 그는 부귀영화를 꿈꾸거나 욕망을 좇지 않고 최소한의 소유로 만족하면서 살았습니다.

어느 날 소문을 듣고 자신을 찾아온 알렉산더에게 그는 이렇게 말했다고 합니다. "당신이 나처럼 만족하기를 바란다면 이리 와서 벌거벗고 누우십시오. 미래를 잊고 과거를 떨쳐버리세요. 아무도 당신을 막지 않을 것입니다."

그러자 알렉산더는 이렇게 말했습니다. "선생의 말이 옳습니다. 하지만 아직 때가 되지 않았어요. 언젠가는 나도 선생처럼 편안해지고 싶습니다."

"그런 날은 결코 오지 않을 것입니다. 편안해지기 위해 당신에게 지금 무엇이 필요합니까?"

"내가 온 세상을 정복했을 때 그때 와서 다시 배우겠습니다. 그리고 이 강둑에서 선생과 함께 앉아 있을 것입니다."

그러자 디오게네스는 말했습니다. "그냥 누우면 즉시 편안해질 수 있는데 무엇 때문에 미래를 기다리십니까?"

알렉산더는 왕으로 재위하는 13년 동안 열 번의 원정에 나서서 결국 부상을 입고, 과로와 제국 운영의 중압감으로 인해 많은 스트레스를 받았습니다. 그래서 화를 자주 내고 우울감에 빠져 과도한 음주를 하였으며, 열병까지 악화되어 결국 인도를 정벌하러 가던 중 33세의 젊은 나이에 죽고 말았습니다. 반면 무소유의 정신으로 항상 넉넉하고 여유롭게 살았던 디오게네스는 천수를 다하여 89세까지 편안하게 살다가 세상을 떠났습니다.

디오게네스는 세상 사람들이 좋아하는 돈, 명예, 권력을 좇지 않고 어떤 욕망과 집착도 없이 마음을 비우고 늘 깨어서 온전하게 삶을 즐겼습니다. 하지만 알렉산더는 온갖 부귀영화를 누리고 막강한 권세를 쥐고 살면서도 만족하지 못하고 더 많이 차지하려고 욕심을 부리다 젊은 나이에 허망하게 삶을 마감하게 되었습니다.

디오게네스는 '존재 지향적인 삶'을 살았고, 알렉산더는 '소유 지향적인 삶'을 살았습니다. 우리는 소유보다는 존재할 줄 알아야 합니다. 그래야 진정으로 자유롭고 행복하게 살 수 있습니다. 소유에 경도된 삶이 아니라, 순간순간 깨어서 존재하는 기쁨 속에서 살아야 합니다.

## 재상 자리를 거절한 장자

장자는 평생을 이름 없이 초야에 묻혀서 살았습니다. 그는 관직에 나가거나 출세하기를 바라지 않았습니다. 그가 했던 일은 잠시 정원의 관리인을 했던 게 전부였습니다. 그는 가난했지만, 학문과 공부의 경지가 높아서 여러 사람들의 주목과 존경을 받았습니다.

장자가 어느 날 강에서 낚시하고 있을 때, 초나라의 임금이 두 사람을 보내서 장자에게 재상 자리를 맡아달라고 정중하게 부탁했다고 합니다. 그들은 장자에게 이렇게 말하였습니다. "번거롭지만 정사를 부탁드리고자 합니다."

그러자 장자는 낚싯대를 든 채 돌아보지도 않고 말하였습니다. "내가 듣건대 초나라에는 신령스러운 거북이 있는데 죽은 지 이미 3,000년이 되었다고 합니다. 임금은 그것을 비단으로 싸서 상자에 넣어 교당 위에 보관한다고 합니다. 당신들이 그 거북의 입장이라면, 그렇게 박제되어 존귀하게 대접받는 것을 원하겠소, 그렇지 않으면 살아서 진흙 속에 꼬리를 끌고 다니기를 원하겠소?"

두 사람이 말하였습니다. "그야 살아서 진흙 속에 꼬리를 끌고 다니려고 할 것입니다."

장자가 말하였습니다. "그럼 가시오. 나는 진흙 속에서 꼬리를 끌고 다니면서 살 것이오."

재상의 지위에 오르면 마음먹기에 따라서는 온갖 권세를 부리고 부귀영화를 누릴 수 있습니다. 하지만 그는 그런 외화내빈外華內貧의 삶을 살거나 허장성세虛張聲勢의 길을 걷지 않고 늘 순간순간 깨어서 충만하게 사는 삶을 선택하였습니다. 그는 자신과 맞지 않는 삶이 아니면 단호하게 거절하였습니다. 겉으로만 그럴듯한 외적인 삶보다는 스스로 만족하는 내적인 삶을 추구했습니다. 비록 가난하지만, 그 어느 것에도 속박됨이 없이 자유롭고자 했습니다.

높은 자리에 오른다고 해도 행복하지 않다면 의미가 없습니다. 자기답게 살 수 없다면 가치가 없습니다. 하나를 얻으면 하나를 잃는 게 인생입니다. 바쁘게 사는 사람은 자기 삶이 없습니다. 재상이 되면 권세와 재물을 얻을 수 있으나 자유를 잃고 자신의 삶을 잃게 됩니다. 인생에는 의미와 즐거움이 있어야 합니다. 그것이 없으면 행복하지 않기 때문입니다. 우리는 행복하기 위해서 삽니다. 자신이 하는 일에 의미와 즐거움이 있어야 행복합니다.


## 마하트마 간디가 말한 일곱 가지 악덕


인도에는 국민적인 존경을 받는 지도자가 있습니다. 바로 마하트마 간디입니다. 그는 무저항 비폭력의 방법으로 인도의 독립운동을 이끌었습니다. 인도의 성자로 추앙받는 그는 일곱 가지 악덕에 대해서 지적한 적이 있습니다. 이 지적은 하나하나가 깊이 음미해볼 만한 가치가 있습니다.

첫째는 철학 없는 정치입니다. 철학이 없는 정치는 위험합니다. 철학이 있는 정치인은 정치를 사리사욕의 수단으로 이용하지 않습니다. 정치인들이 비리를 저지르고 잘못된 행동을 하는 이유는 철학이 없기 때문입니다. 철학이란 가치관이요 세계관이며, 시대정신이요 역사의식이자 미래에 대한 전망입니다. 철학이 있는 정치인은 왜 정치를 해야 하는지를 분명하게 알고 행동합니다. 하지만 철학이 없는 사람이 정치를 하면 자신은 물론이고 국민도 불행해집니다. 우리 역사만 돌이켜보아도 뼈저리게 알 수 있는 진실입니다.

둘째는 도덕 없는 경제입니다. 자신의 안락과 부귀영화를 위해서 재산을 모으는 것은 사회에 큰 해악을 끼치고 당사자도 불행하게 합니다. 우리가 누리고 있는 편안한 생활은 모두 타인의 피와 땀으로 이루어진 것입니다. 아무리 큰 성공을 이룬 기업가라 해도 자기 혼자만의 힘으로 성공한 것이 아닙니다. 그 성공은 국가와 사회의 도움, 함께한 노동자들의 피와 땀으로 이루어진 것입니다. 그래서 서로 나누고 살아야 합니다. 혼자만 잘살겠다는 태도는 그저 무지의 소치일 뿐입니다.

셋째는 노동 없는 부富입니다. 일하지 않는 자는 먹지도 말라고 했습니다. 피와 땀으로 부를 이루어야 합니다. 일하지 않고 놀고먹는 사람은 사회에 해악을 끼칩니다. 부정한 방법으로 부를 이룰 수 있는 개인과 사회는 불행해집니다. 노동의 신성함과 가치가 지켜져야 합니다. 노동은 사람됨의 길입니다. 노동을 통해서 삶을 배우고, 노동을 통해 완성된 인간이 되어갑니다.

넷째는 인격 없는 교육입니다. 기술만 가르치는 교육은 위험합니다. 인격을 기르는 교육이어야 합니다. 교육은 인간을 성숙시키는 과정이어야 합니다. 교육을 통해 사람 됨됨이가 서서히 다듬어지고 형성되어야 합니다. 학교가 취직에만 혈안이 되어 단순히 직업훈련소 역할을 해서는 안 됩니다. 전인적인 인간을 길러내야 합니다. 그러려면 남을 가르치는 교육자부터 자신의 인격을 잘 갖추어야 합니다.

다섯째는 인간성 없는 과학입니다. 과학이 인간성을 파괴하고 있는 시대입니다. 과학의 발달로 정작 인간이 소외되고 있습니다. 지구온난화와 온갖 환경파괴가 결국 인류에게로 되돌아오고 있습니다. 과학은 오직 인간을 위한 것일 때 가치가 있습니다. 인간을 소중히 하는 과학, 인간을 중심에 둔 과학이어야 의미와 가치가 있습니다.

여섯째는 윤리 없는 쾌락입니다. 쾌락만을 좇는 사람이나 사회는 결국 병들고 망하게 됩니다. 쾌락이 윤리성을 갖추어야 인간과 사회는 건강해집니다. 윤리가 없는 쾌락은 삶의 가치를 추락시키고 삶을 사막처럼 황폐하게 만듭니다.

일곱째는 헌신 없는 종교입니다. 종교는 세상을 치유하고 통합하고 정화하는 역할을 해야 합니다. 종교는 가난하고 고통받고 소외당하는 사람들에게 위로와 힘이 되어주어야 합니다. 종교가 사업이 되어서는 안 됩니다. 조직화, 세력화에만 힘을 쓰는 종교는 사회를 병들게 합니다. 종교의 최고 덕목은 헌신이어야 합니다.


이도관지와 이물관지


《장자》〈추수秋水〉편을 보면 하백河伯과 북해北海가 나누는 대화 중에 사물을 보는 관점에 대한 이야기가 나옵니다. 장자는 '도의 관점에서 사물을 보는 법'과 '물物의 관점에서 사물을 보는 법'의 차이를 이렇게 설명하였습니다. "도로써 사물들을 보면 사물들 사이에 귀천이 없으나, 물의 관점에서 사물을 보면 자기를 귀하다고 하고 상대편을 천하다고 한다."

이와 같이 도의 관점에서 사물을 바라보는 것을 이도관지以道觀之라고 하고, 물의 관점에서 사물을 바라보는 것을 이물관지以物觀之라고 합니다. 전체적인 시각으로 보는 것이 이도관지이고, 개개의 입장에서 보는 것이 이물관지입니다. 도의 입장에서 본다는 것은 자연의 입장에서 본다는 의미입니다. 자연의 입장에서 보면 만물은 귀천이 없지만, 사물의 입장에서 보면 자신만의 기준 때문에 분별이 생깁니다.

"도에는 시작과 끝이 없지만 물은 삶과 죽음이 있다."

도의 관점에서 사람과 세상을 바라보아야 있는 그대로 평등하게 바라볼 수 있습니다. 인간은 도를 깨달아야 자연과 분리되지 않은 채 온전히 하나가 되어 살 수 있습니다. 이러한 자유가 천지만물의 대상 경계와 차별이 없이 하나가 되어 살 수 있는 대자유인의 경지입니다.

"도의 시각에서 보면 통하여 하나가 된다. 나누어짐이 곧 이루어짐이요, 이루어짐이 곧 무너짐이다. 무릇 사물에는 이루어짐과 나누어짐이 없으니, 다시 통하여 하나가 된다."

장자를 깊이 연구한 이강수 교수는 도의 관점에 대해서 이렇게 설명하였습니다. "사물의 관점에서 사물을 보면 분分과 성成으로 나뉘어 보인다. 예를 들면 나무로 책상을 만들었을 경우, 나무의 입장에서 보면 나누어짐이라고 볼 수 있지만,

책상의 측면에서 보면 이루어짐이라고 할 수 있다. 그러나 도의 관점에서 보면, 나누어짐도 아니고 이루어짐도 아니니, 나무를 구성하는 물질이 이름과 모습을 바꾸었을 뿐이다."

이렇듯 관점에 따라서 세상은 달리 보입니다. 보통 우리는 사물의 관점에서 보기 때문에 상대적, 대립적으로 세상을 경험합니다. 그러나 마음이 정화된 도의 관점, 즉 자연의 입장에서 보는 사람은 분별없이 있는 그대로의 세상을 경험합니다. 그래서 우리는 꾸준히 수양하고 마음공부를 해야 합니다. 그래야 더 크게 더 멀리 보는 눈과 고양된 의식을 갖고서 살아갈 수 있습니다.


## 천주교의 묵상과 명상


현대의 영적 스승 중 하나인 토머스 머튼 신부는 이렇게 말했습니다. "영적 자아는 만족을 구하지 않습니다. 그 자아는 존재하는 것 자체로 만족합니다. 존재의 뿌리가 하느님께 있기 때문입니다. … 문제는 자신의 허구적인 외적 자아와 불가분하게 얽혀 있을 때에만 존재합니다. 그리고 그 상황을 스스로 깨달았을 때야 비로소 해답을 찾을 수 있습니다. 거짓 자아가 해체될 때 문제의 해답도 선명하게 떠오르기 때문입니다."

천주교의 묵상과 명상은 크게 다르지 않습니다. 그가 말한 영적 자아는 명상에서 말하는 참나와 같습니다. 참나는 만족을 구하지 않습니다. 깨어서 존재하는 기쁨을 누리기 때문에 존재하는 것 자체로 만족합니다. 존재의 뿌리가 하느님께 있다는 말은, 참나를 체험하는 사람은 세상을 분리로 경험하지 않기 때문에 시공을 초월하여 우주 삼라만상과 하나로 존재한다는 뜻입니다.

그는 "문제는 자신의 허구적인 외적 자아와 얽혀 있기 때문"이라고 말합니다. 그의 말처럼, 모든 문제는 참나로 살지 못하고 가짜 나인 에고에 붙들려 있기 때문에 생겨납니다. 그는 "거짓 자아가 해체될 때 문제의 해답도 떠오른다"고 하였습니다. 그렇습니다. 거짓 자아인 에고에서 벗어날 때 문제는 자연스럽게 해결됩니다.

토마스 머튼 신부는 묵상을 하기 전에 분열된 존재를 재통합하여 통일성을 회복해야 한다고 하였습니다. 명상에서도 모든 생각에서 벗어나서 몸과 마음을 하나로 통합하는 것이 중요합니다. 그래야 깊은 명상 상태에서 영적 자아인 '참나'를 만날 수 있습니다.

# 화담 서경덕의 안심입명

독서하던 그때는 천하에 뜻을 두었건만
세월이 흘러 안빈낙도가 도리어 달구나.
부귀는 다툼이 있어 손대기가 싫고
자연은 그침이 없어 가히 몸이 편안하네.
산나물 캐고 물고기 낚아 배를 채우고
달을 노래하고 바람을 읊어 마음을 펼치네.
학문에 이르러 의심이 없고 훤히 트여 알게 되니
100년 인생에서 허망함을 면하게 되었네.

조선조 중기에 바람처럼 홀연히 이 세상에 다녀갔던 화담 서경덕은 '독서유감讀書有感'이란 시에서 학문을 즐기고 안빈낙도의 삶을 살아온 자신의 심경을 잔잔하게 피력하였습니다.

그는 한때 과거시험에 합격하여 중앙정치 무대에 나가려고 했으나, 무오사화戊午士禍와 기묘사화己卯士禍의 피비린내 나는 권력투쟁을 목도하고 관직에 나가는 길을 스스로 포기했습니다. 그는 조광조의 주도로 시행된 현량과賢良科에 의해 높은 벼슬이 주어졌으나 끝내 사양했습니다. 자연 속에서 한가롭게 살면서 학문에 정진하였습니다. 그는 비록 살림살이는 가난하지만 사는 게 즐겁다고 노래하였습니다.

그는 산나물을 캐오고 물고기를 낚아서 굶주린 배를 채울

정도로 가난하게 살면서도, 달과 함께 놀고 바람과 함께 놀면서 순간순간 인생을 즐겼습니다. 그렇게 공부를 한 결과로 삶과 죽음의 이치를 모두 깨달으니 인생의 허망함을 면하게 되었다고 읊었습니다.

이것이 바로 우리가 진리 탐구를 해야 할 이유입니다. 그의 말처럼 학문이란 모름지기 자기 자신이 누구인지를 아는 것이요, 삶과 죽음의 이치를 깨닫는 것입니다. 그래야 안심입명安心立命을 얻게 되어 방황하지 않게 되고 불안한 삶에서 벗어나게 됩니다.

## 감사 명상

"살아 숨 쉬고 있어서 감사합니다.

건강하게 일할 수 있어서 감사합니다.

당신이 내 곁에 있어서 감사합니다.

온 세상이 내 삶을 도와주어서 감사합니다.

살아 있는 모든 생명에게 감사합니다."

내가 날마다 실천하고 있는 감사 명상입니다. 가만히 눈을 감고 앉아서 마음을 충분히 관찰한 후에, 몸에 집중하면서 3분 정도 편안하게 호흡을 합니다. 그러고 난 후에 이렇게 감사의 기도를 드립니다.

"살아 숨 쉬고 있어서 감사합니다."

살아 있다는 것, 그리고 이 순간에 숨 쉬고 있다는 것은 기적이요 축복입니다. 지금 사고나 질병으로 숨을 제대로 쉬지 못해서 고통받는 사람들도 많이 있습니다. 차분하게 몸속으로 숨이 들어오고 나가는 것을 느끼고 있으면 살아 있는 것만으로도 감사함을 느끼게 됩니다.

"건강하게 일할 수 있어서 감사합니다."

몸과 마음이 건강하여 일할 수 있다면 축복이 아닐 수 없습니다. 세상에는 건강이 나쁘거나 정신적, 육체적 장애로 인해 거동을 제대로 못하는 사람들도 많이 있습니다. 그러니까 감사할 수밖에 없습니다.

"당신이 내 곁에 있어서 감사합니다."

지금 내 곁에 있는 사람이 가장 소중한 사람입니다. 그 사람이 있어서 외롭지 않고 함께 삶을 영위할 수 있습니다. 그 사람 덕분에 내가 편안하게 살아갈 수 있습니다. 그래서 감사할 뿐입니다.

"온 세상이 내 삶을 도와주어서 감사합니다."

혼자만의 힘으로 살아가는 사람은 아무도 없습니다. 모두 남의 은혜로 살아갑니다. 해와 달과 별이 없으면 살 수 없고, 식물과 동물들이 없어도 살아갈 수 없습니다. 내가 모르는 수많은 사람들이 없으면 나는 살아갈 수 없습니다.

"살아 있는 모든 생명에게 감사합니다."

우주는 살아 있습니다. 태양도 별도 지구도 살아 있습니다. 꽃과 나무들, 나비와 벌, 그리고 다양한 새들과 여러 종류의 물고기 등 다양한 생명체가 함께 살아 있기에 내 삶도 영위될 수 있습니다. 이 모든 것에 오직 감사할 뿐입니다.

여러분이 이 책을 읽어주심에도 깊이 감사할 뿐입니다. 이 책이 여러분의 마음공부에 조금이나마 도움이 된다면 그보다 큰 기쁨은 없을 것입니다. 비울수록 든든해지는 이 길을 우리 함께 걸어갑시다.